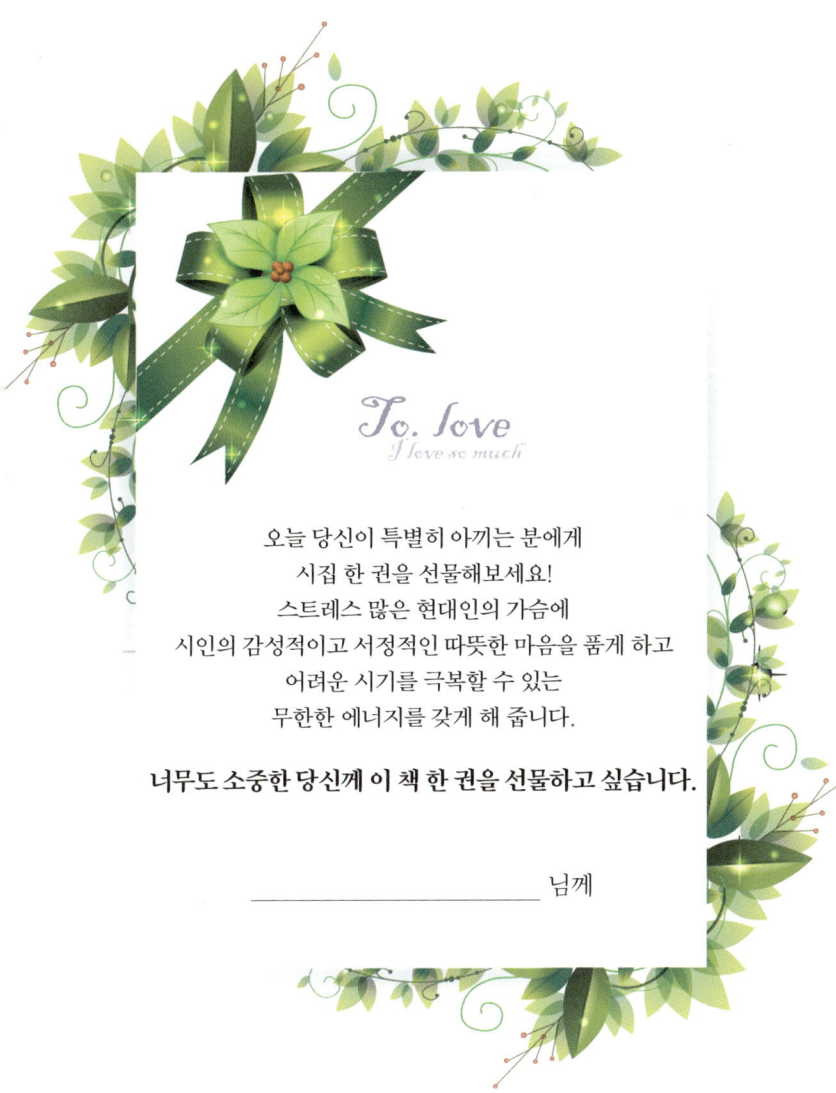

To. love
I love so much

오늘 당신이 특별히 아끼는 분에게
시집 한 권을 선물해보세요!
스트레스 많은 현대인의 가슴에
시인의 감성적이고 서정적인 따뜻한 마음을 품게 하고
어려운 시기를 극복할 수 있는
무한한 에너지를 갖게 해 줍니다.

너무도 소중한 당신께 이 책 한 권을 선물하고 싶습니다.

_____ 님께

한국대표시인 베스트 명시집

목마와 숙녀

박인환·정지용·김영랑·오장환

머리말

경제가 안 좋아지면 꽃과 책의 판매가 제일 먼저 줄어든다고 합니다. 꽃과 책은 살아가는 데 없어도 별 지장이 없는 품목 제1위라는 뜻이지요.

밥과 물이 우리 생명을 유지시키는 데 필수적인 것이지만 그것이 삶의 문제를 다 해결하지 못하며 그것만으로는 행복을 느끼지 못합니다. 밥과 물이 닿지 않는 영역에서 시가 빛을 발합니다. 오히려 척박하고 어려운 현실일수록 더욱 필요한 것이 시입니다.

시인들은 뼈를 깎는 구도자의 정신으로 시를 쓰기 때문에 시에서 우리는 빛나는 정신을 만날 수 있습니다. 그래서 시는 우리 영혼의 영역에서 가장 빛을 발하며, 몸이라는 시스템의 윤활유이자 에너지의 원천이 됩니다.

시는 시대와 인간의 삶을 반영하는 것이지만, 특수한 시대를 산 시인들의 시에서 그 시대의 특성만을 읽어낸다면 시의 울림은 아주 작은 공간에 갇힌 채 사라질 것입니다. 예를 들어 일제 강점기를 산 시인들의 시에서 현실 반영만을 읽는 건 바른 감상이 아니지요. 그래서 시가 가지고 있는 고유한 맛을 느낄 수 있도록 감상평을 어느 한 부분에 한정시키지 않았습니다.

우리가 두려움이나 즐거움 등의 감정을 느끼면 몸 안에서 호르몬이 분비됩니다. 사람의 호르몬은 몸 안에서만 순환하지만, 개미의 호르몬(페로몬)은 몸 바깥으로 나가 다른 개미들의 몸 안으로 들어간다고 합니다. 그래서 개미들은 어느 한 마리가 소리치거나 울려고 하면 수백만의 개미가 동시에 같은 상태가 된다고 합니다.

시에선 개미의 페로몬과 같은 것이 분비됩니다. 그래서 시를 읽는 독자들은 시가 가지고 있는 아름다운 정신과 고유한 에너지를 고스란히 느낄 수 있습니다.

여기 소개하는 87편의 시 속에는 서로 다른 정신과 에너지가 흐르고 있습니다. 각기 다른 개성을 가진 시의 영혼을 만나 보시기 바랍니다. 자기 아닌 타인을 만남으로써 인간과 세상의 다양성을 경험하는 기회가 될 것입니다.

Contents

PART 1 박인환

기적인 현대 ······ 14
목마와 숙녀 ······ 16
세 사람의 가족 ······ 19
낙하 ······ 22
회상의 긴 계곡 ······ 24
일곱 개의 층계 ······ 27
센티메탈 쟈니 ······ 30
밤의 노래 ······ 33
검은 신이여 ······ 36
눈을 뜨고도 ······ 38
십오일 간 ······ 41
행복 ······ 44
거리 ······ 46
태평양에서 ······ 48
어느 날 ······ 50
새벽 한시의 시 ······ 52
잠을 이루지 못하는 밤 ······ 54
한줄기 눈물도 없이 ······ 57
고양에 가서 ······ 59

서부전선에서 …… 62
부드러운 목소리로 이야기할 때 …… 64
세월이 가면 …… 67
가을의 유혹 …… 69
나의 생애에 흐르는 시간들 …… 71
불행한 샹송 …… 74
열차 …… 76
장미의 온도 …… 78

PART 2 정지용

향수 ······ 82
호수 1 ······ 85
백록담 ······ 86
유리창 1 ······ 90
유리창 2 ······ 92
다알리아 ······ 94
바다 1 ······ 96
바람 1 ······ 97
바다 9 ······ 98
나무 ······ 100
말 ······ 102
무서운 시계 ······ 103
비 ······ 104
비극 ······ 106
비로봉 1 ······ 108
새빨간 기관차 ······ 110
장수산 1 ······ 112
시계를 죽임 ······ 114
인동차 ······ 116
카페 프란스 ······ 118
할아버지 ······ 121
해바라기 씨 ······ 122

PART 3 김영랑

끝없는 강물이 흐르네 …… 126
돌담에 속삭이는 햇발같이 …… 127
언덕에 바로 누워 …… 128
오—매 단풍 들것네 …… 129
함박눈 …… 130
노래 …… 131
꿈밭에 봄마음 …… 132
아지랑이 …… 133
무너진 성터 …… 134
언덕에 누워 바다를 보면 …… 135
가늘한 내음 …… 136
내 마음을 아실 이 …… 138
모란이 피기까지는 …… 140
오월한 …… 141
불지암 …… 142
마당 앞 맑은 새암 …… 144
황홀한 달빛 …… 146
독을 차고 …… 148
내 훗진 노래 …… 150
수풀 아래 작은 샘 …… 152

강물 ⋯⋯ 154
가야금 ⋯⋯ 156
금호강 ⋯⋯ 157
오월 아침 ⋯⋯ 160

PART 4 오장환

The last train ⋯⋯ 164
8월 15일의 노래 ⋯⋯ 166
병든 서울 ⋯⋯ 168
황혼 ⋯⋯ 174

향수 ⋯⋯ 176
소야의 노래 ⋯⋯ 178
첫겨울 ⋯⋯ 180
매음부 ⋯⋯ 181
나의 노래 ⋯⋯ 182
무인도 ⋯⋯ 184

심동 …… 186
어머니 서울에 오시다 …… 188
모촌 …… 191

Part 1
박·인·환

1926년 강원도 인제에서 출생하였고 경성제일고보를 거쳐 평양의 전을 중퇴하였다. 1946년 〈거리〉를 발표하여 등단하였으며 1949년 동인그룹 '후반기'를 발족하여 활동하였다. 1949년 5인 합동시집 〈새로운 도시와 시민들의 합창〉을 발간하여 본격적인 모더니즘의 기수로 주목받았다. 1955년 〈박인환 선시집〉을 간행하였고 1956년 심장마비로 자택에서 별세하였다. 1976년에 시집 〈목마와 숙녀〉가 간행되었다.

기적奇蹟인 현대

장미는 강가에 핀 나의 이름
집집 굴뚝에서 솟아나는 문명의 안개
시인(詩人) 가엾은 곤충이여
나의 울음이 도시에 들린다.

오래도록 네 욕망은 사라진 회화
무성한 잡초원(雜草園)에서
환영(幻影)과 애정과 비벼대던
그 연대(年代)의 이름도
허망한 어젯밤 버러지.

사랑은 조각에 나타난 추억
이녕(泥濘)과 작별의 여로에서
기대었던 수목은 썩어지고
전신(電信)처럼 가벼웁고 재빠른
불안한 속력은 어디서 오나.

침묵의 공포와 눈짓하던
그 무렵의 나의 운명은
기적(奇蹟)인
동양의 하늘을 헤매고 있다.

● ● 쉽게, 한 번에 이해되지 않는 시다. 좀 난해하다. 도시 생활에서 느끼는 비애와 현대인의 알 수 없는 불안감이 잡힌다. 일반적으로 아름다움의 상징으로 쓰이는 장미가 여기서는 '강가에 핀 나의 이름'으로 비유되었다. 강가에 핀 이름이라면 있어야 할 곳에 있지 않은, 부적합한 느낌이 든다. '문명의 안개' 속에 사는 시인은 가엾은 곤충이고, 욕망은 사라진 회화이며, 사랑은 조각에 나타난 추억, 수목은 썩고, 불안한 속력은 가볍고 재빠르게 오고 있다. 자연 환경을 잃고 어디서 오는지 모르는 속도감에 불안해하는 도시인의 삶을 표현하고 있다.

목마木馬와 숙녀淑女

한잔의 술을 마시고
우리는 버지니아 울프의 생애(生涯)와
목마(木馬)를 타고 떠난 숙녀(淑女)의 옷자락을 이야기한다.
목마(木馬)는 주인을 버리고 그저 방울 소리만 울리며
가을 속으로 떠났다. 술병에서 별이 떨어진다.
상심(傷心)한 별은 내 가슴에 가벼웁게 부숴진다.
그러한 잠시 내가 알던 소녀는
정원(庭園)의 초목 옆에서 자라고
문학이 죽고 인생이 죽고
사랑의 진리마저 애증(愛憎)의 그림자를 버릴 때
목마를 탄 사랑의 사람은 보이지 않는다.
세월은 가고 오는 것
한때는 고립을 피하여 시들어가고
이제 우리는 작별하여야 한다.
술병이 바람에 쓰러지는 소리를 들으며
늙은 여류작가(女流作家)의 눈을 바라다보아야 한다.
……등대(燈臺)에……

불이 보이지 않아도
그저 간직한 페시미즘의 미래를 위하여
우리는 처량한 목마 소리를 기억하여야 한다.
모든 것이 떠나든 죽든
그저 가슴에 남은 희미한 의식(意識)을 붙잡고
우리는 버지니아 울프의 서러운 이야기를 들어야 한다.
두 개의 바위 틈을 지나 청춘을 찾은 뱀과 같이
눈을 뜨고 한잔의 술을 마셔야 한다.
인생(人生)은 외롭지도 않고
그저 잡지의 표지처럼 통속(通俗)하거늘
한탄할 그 무엇이 무서워서 우리는 떠나는 것일까.
목마는 하늘에 있고
방울 소리는 귓전에 철렁거리는데
가을 바람 소리는
내 쓰러진 술병 속에서 목메어 우는데

● ● ● 박인환의 대표작이자, 박인환의 작품 중 가장 높게 평가받는 시이다. 목마, 숙녀, 문학, 인생, 술병, 별, 잡지, 통속, 방울소리 등의 시어가 다소 감상적이고 소녀 취향으로 들린다. 하지만 그런 낱말이 있음으로 해서 결코 쉬운 시가 아닌 이 시가 독자의 사랑을 받을 수 있었다.

이 시의 큰 장점은 벌판을 흐르는 강물처럼 유려하고 자연스러운 흐름이다. 굳이 의미를 생각하지 않아도 시의 자연스러운 호흡을 따라 한번에 끝까지 읽어 내려갈 수 있다. 이렇게 유려하게 읽히는 현대시는 드물다. 유려한 흐름을 따라 읽어 내려간 후, 마음에 걸리는 것을 다시 씹는 것이 이 시의 맛이다. 비극적인 삶을 살다 간 버지니아 울프의 인생을 자신의 처지에 빗대고 있어 전체적인 분위기는 염세적이지만, 술병에서 별이 떨어진다, 정원의 초목 옆에서 자라는 소녀, 두 개의 바위 틈을 지나 청춘을 찾은 뱀, 인생은 잡지의 표지처럼 통속하거늘 등의 표현이 참으로 예리하고 멋지다.

세 사람의 가족

나와 나의 청순한 아내
여름날 순백한 결혼식이 끝나고
우리는 유행품(流行品)으로 화려한
상품의 쇼우 윈도우를 바라보며 걸었다.

전쟁이 머물고
평온한 지평에서
모두의 단편적인 기억이
비둘기의 날개처럼 솟아나는 틈을 타서
우리는 내성과 회한에의 여행을 떠났다.

평범한 수확의 가을
겨울은 백합처럼 향기를 풍기고 온다.
죽은 사람들은 싸늘한 흙 속에 묻히고
우리의 가족은 세 사람.

박인환

토르소의 그늘 밑에서
나의 불운한 편력인 일기책이 떨고
그 하나하나의 지면은
음울한 회상의 지대로 날아갔다.
아 창백한 세상과 나의 생애에
종말이 오기 전에
나는 고독한 피로에서
빙화(氷花)처럼 잠들은 지나간 세월을 위해
시(詩)를 써본다.

그러나 창 밖
암담한 상가
고통과 구토가 동결된 밤의 쇼우 윈도우
그 곁에는
절망과 기아의 행렬이 밤을 새우고
내일이 온다면
이 정막(靜寞)의 거리에 폭풍이 분다.

● ● 박인환의 첫딸이 1950년에 태어났으니 전쟁(6·25) 중에 쓴 시이다. 전쟁으로 죽어간 사람들과 그에 대한 공포, 자신과 가족 또한 앞으로 어떻게 될지 알 수 없는 불안이 잘 표현되어 있다. '죽은 사람들은 싸늘한 흙 속에 묻히고 우리 가족은 세 사람'이라는 구절에는 가족의 안전을 걱정하는 마음이 숨어 있다. '고통과 구토가 동결된 밤의 쇼우윈도우', '절망과 기아의 행렬이 밤을 새우고'에 불안한 현재의 모습이 잘 표현되어 있다.

박인환

낙하 落下

미끄럼판에서
나는 고독한 아킬레스처럼
불안의 깃발 날리는
땅 위에 떨어졌다
머리 위의 별을 헤아리면서

그후 20년
나는 운명의 공원 뒷담 밑으로
영속(永續)된 죄의 그림자를 따랐다

아 영원히 반복되는
미끄럼판의 승강(昇降)
친근(親近)에의 증오와 또한
불행과 비참과 굴욕에의 반항도 잊고
연기 흐르는 쪽으로 달려가면
오욕의 지난날이 나를 더욱 괴롭힐 뿐.

멀리선 회색사면(灰色斜面)과
불안한 밤의 전쟁
인류의 상흔과 고뇌만이 늘고
아무도 인지하지 못할
망각의 이 지상에서
더욱 더욱 가라 앉아간다

처음 미끄럼판에서
내리달린 쾌감도
미지의 숲 속을
나의 청춘과 도주하던 시간도
나의 낙하하는
비극의 그늘에 있다.

● ● ◐ 다소 비장하다. 태생부터 그러하다. 미끄럼판에서 불안의 깃발 날리는 땅 위로 떨어졌다. 영속된 죄의 그림자를 따라 살고, 영원히 반복되는 미끄럼판의 승강에서 연기 흐르는 쪽으로 달려가면 오욕의 지난날이 더욱 괴롭힌다.
4연을 보면 아직도 전쟁의 불안함 속에 있다. 불안한 밤의 전쟁, 인류의 상흔과 고뇌. 마지막 5연 처음 부분에서는 다소 상승하는 이미지가 나타난다. '미끄럼판에서 내리달린 쾌감', '미지의 숲 속을 나의 청춘과 도주하던 시간'. 하지만 그것도 낙하하는 비극의 그늘에 있다며 음성적인 하강의 이미지로 시를 맺고 있다.

회상의 긴 계곡

아름답고 사랑처럼 무한히 슬픈
회상의 긴 계곡
그랜드 쇼우처럼 인간의 운명이 허물어지고
검은 연기여 올라라
검은 환영(幻影)이여 살아라.

안개 내린 시야에
신부(新婦)의 베일인가 가늘은 생명의 연속이
최후의 송가(頌歌)와
불안한 발걸음에 맞추어
어디로인가
황폐한 토지의 외부로 떠나가는데
울음으로서 죽음을 대치하는
수없는 악기들은
고요한 이 계곡에서 더욱 서럽다.

강(江)기슭에서 기약할 것 없이 쓰러지는
하루만의 인생
화려한 욕망
여권(旅券)은 산산이 찢어지고
낙엽처럼 길 위에 떨어지는
캘린더의 향수를 안고
자전거의 소녀여 나와 오늘을 살자.

군인이 피워물던
물뿌리와 검은 연기의 인상(印象)과
위기에 가득 찬 세계의 변경
이 회상의 긴 계곡 속에서도
열을 지어 죽음의 비탈을 지나는
서럽고 또한 환상에 속은
어리석은 영원한 순교자.
우리들.

● ● 전쟁 중(1951년)에 쓴 시다. 검은 연기, 검은 환영, 안개 내린 시야, 최후의 송가, 불안한 발걸음, 황폐한 토지, 기약할 것 없이 쓰러지는 인생, 죽음의 비탈 등 어두운 이미지가 많이 등장한다. 마지막 연 끝부분, '서럽고 또한 환상에 속은 어리석은 영원한 순교자 우리들' 이라고 표현한 부분에 참 날카로운 칼이 숨어 있다. 자기가 믿는 신앙(혹은 사상)을 지키기 위하여 목숨을 바치는 게 순교이다. 하지만 서럽고 환상에 속고 어리석은 순교자라면 진정한 순교를 한 것이 아니다. 이 부분은 그러므로 아이러니(반어)이고 역설이다. 전쟁으로 인해 선량한 목숨이 죽어가고 있는 현실을 비판하는 인식이 숨어 있다. 사람들이 열을 지어 죽음의 비탈을 왜 지나고 있는가! 누굴 위해, 무얼 위해.

일곱 개의 층계

가만히 눈을 감고 생각하니
지난 하루하루가 무서웠다.
무엇이나 거리낌없이 말했고
아무에게도 협의해본 일이 없던
불행한 연대였다.

비가 줄줄 내리는 새벽
바로 그때이다
죽어간 청춘이
땅속에서 솟아나오는 것이……
그러나 나는 뛰어들어
서슴없이 어깨를 거느리고
악수한 채 피 묻은 손목으로
우리는 암담한 일곱 개의 층계를 내려갔다.

「인간의 조건」의 앙드레 말로
「아름다운 지구(地區)」의 아라공
모두들 나와 허물없던 우인(友人)
황혼이면 피곤한 육체로
우리의 개념이 즐거이 이름 불렀던
「정신과 관련의 호텔」에서
말로는 이 빠진 정부(情婦)와
아라공은 절름발이 사상과
나는 이들을 응시하면서……
이러한 바람의 낮과 애욕의 밤이
회상의 사진처럼
부질하게 내 눈앞에 오고간다.

또 다른 그날
가로수 그늘에서 울던 아이는
옛날 강가에 내가 버린 영아
쓰러지는 건물 아래
슬픔에 죽어가던 소녀도
오늘 환상처럼 살았다
이름이 무엇인지
나라를 애태우는지
분별할 의식조차 내게는 없다

시달림과 증오의 육지
패배의 폭풍을 뚫고
나의 영원한 작별의 노래가
안개 속에 울리고
지난날의 무거운 회상을 더듬으며
벽에 귀를 기대면
머나먼
운명의 도시 한복판
희미한 달을 바라
울며울며 일곱 개의 층계를 오르는
그 아이의 방향은
어디인가.

● ● 앙드레 말로는 프랑스의 소설가이자 정치가이고, 아라공은 프랑스의 초현실주의를 주도한 시인이자, 소설가이자, 평론가이다. 이들의 양면성을 '바람의 낮과 애욕의 밤'으로 표현한 부분에서 시인의 날카로운 현실감각이 엿보인다.(3연)
4연에서는 장면 전환이 이루어진다. '또 다른 그날'이라는 구절을 씀으로써 프랑스에서 한국으로 장소를 전환시킨다. 가로수 그늘에서 울던 아이는 시인이 강가에 버린 영아, 슬픔에 죽어가던 소녀는 이름이 무엇인지 나라를 애태우는지 분별할 의식이 없는 것을 반성하고 있다. 일곱 개의 층계를 내려간(2연) 이유가 시의 끝부분에서 드러난다. 피 묻은 손목으로 일곱 개의 층계를 내려간 시인은 울며 울며 일곱 개의 층계를 오르는 아이를 만난다. 아이를 보며 의문을 갖는다. '아이의 방향은 어디인가?' 장소는 운명의 도시 한복판이다.

센티메탈 쟈니

주말여행
엽서……낙엽
낡은 유행가의 설움에 맞추어
피폐한 소설을 읽던 소녀.

이태백의 달은
울고 떠나고
너는 벽화에 기대어
담배를 피우는 숙녀.

카프리 섬의 원정(園丁)
파이프의 향기를 날려보내라
이브는 내 마음에 살고
나는 그림자를 잡는다.

세월은 관념
독서는 위장
그저 죽기 싫은 예술가.

오늘도 가고 또 하루가 온들
도시에 분수는 시들고
어제와 지금의 사람은
천상유사(天上有事)를 모른다.

술을 마시면 즐겁고
비가 내리면 서럽고
분별이여 구분이여.

수목은 외롭다
혼자 길을 가는 여자와 같이
정다운 것은 죽고
다리 아래 강(江)은 흐른다.

지금 수목에서 떨어지는 엽서
긴 사연은
구름에 걸린 달 속에 묻히고
우리들은 여행을 떠난다
주말여행
별말씀
그저 옛날로 가는 것이다

아 센티멘탈 쟈니
센티멘탈 쟈니

● ● ● 1연과 2연은 소녀 취향이다. 제목에도 감상적인 감각이 담겨 있다. 이 작품은 1954년 작으로 전쟁이 끝난 폐허 위에서 쓰여졌다. 시대적으로 충분히 감상에 빠질 만하다. 괴로운 현실에서 벗어나는 것 중의 최고는 과거지향이다. 과거지향에는 그래서 감상주의 시각이 녹아 있다. 주말여행을 가면서도 별말씀, '그저 옛날로 가는 것'이라 말한다.
박인환 시인의 감상적인 면은 표면적인 것이고, 내면에는 미래를 향한 강한 의지를 담고 있다. 시인은 『선시집』후기에서 '시를 쓴다는 것은 내가 사회를 살아가는 데 있어서 가장 의지할 수 있는 마지막 것'이라 말했고, 또 '지도자도 정치가도 아닌 것을 잘 알면서 사회와 싸웠다'고 말했다.

밤의 노래

정막(靜寞)한 가운데
인광(燐光)처럼 비치는 무수한 눈
암흑의 지평은
자유에의 경계를 만든다.

사랑은 주검의 사면(斜面)으로 달리고
취약(脆弱)하게 조직된
나의 내면은
지금은 고독한 술병.

밤은 이 어두운 밤은
안테나로 형성되었다
구름과 감정의 경위도(經緯度)에서
나는 영원히 약속될
미래에의 절망에 관하여 이야기도 하였다.

박인환

또한 끝없이 들려오는 불안한 파장(波長)
내가 아는 단어와
나의 평범한 의식은
밝아올 날의 영역으로
위태롭게 인접되어간다.

가느다란 노래도 없이
길목에선 갈대가 죽고
우거진 이신(異神)의 날개들이
깊은 밤
저 기아의 별을 향하여 작별한다.

고막을 깨뜨릴 듯이
달려오는 전파(電波)
그것이 가끔 교회의 종소리에 합쳐
선을 그리며
내 가슴의 운석에 가라앉아 버린다.

●●한 번에 이해되지 않는 난해한 부분이 있다. '암흑의 지평, 자유에의 경계, 구름과 감정의 경위도' 등의 관념적인 시어가 시의 이해를 방해한다.
밤은 음성적이고 부정적인 이미지지만, 빛을 숙성시키고 기다림을 익히는 시공간이기도 하다. 사랑은 주검으로 달리고 나의 내면은 고독한 술병이지만, 3연의 '밤은 안테나로 형성되었다' 라는 구절을 보면 시의 화자가 살아 깨어서 어떤 미지의 것을 향해 신경을 곤두세우고 있는 상황이 감지된다. 그래서 밤은 영원한 빛의 고향이고, 밤의 노래는 결코 부정적이지만은 않은 것이다.

검은 신(神)이여

저 묘지에서 우는 사람은 누구입니까.

저 파괴된 건물에서 나오는 사람은 누구입니까.

검은 바다에서 연기처럼 꺼진 것은 무엇입니까.

인간의 내부에서 사멸된 것은 무엇입니까.

1년이 끝나고 그 다음에 시작되는 것은 무엇입니까.

전쟁이 뺏어간 나의 친우(親友)는 어디서 만날 수 있습니까.

슬픔 대신에 나에게 죽음을 주시오.

인간을 대신하여 세상을 풍설로 뒤덮어 주시오.

건물과 창백한 묘지 있던 자리에

꽃이 피지 않도록.

하루의 1년의 전쟁의 처참한 추억은
검은 신이여
그것은 당신의 주제일 것입니다.

● ● 10연까지는 1행이 1연으로 되어 있고, 마지막 연만 3행으로 되어 있다. 1연에서 6연까지 '~ㅂ니까'라는 어미로 의문을 표현하고 있는데, 그것은 신을 향한 항의의 어조이다. 전쟁의 폐허를 직접 본 사람으로서 그 잔인함과 비참함을 신께서 알고 있느냐고 묻고 있다. 그 다음 두 연은 검은 신에게 '슬픔 대신 죽음'을, '건물과 묘지 있던 자리에 꽃이 피지 않도록 세상을 풍설로 뒤덮어 달라'고 요구하고 있다. 그 말에는 슬픈 삶이 죽음보다 더 고통스럽다는 의미가 들어 있고, 삶의 절망감이 표현되어 있다. 마지막 연은 신의 마음을 아주 무겁게 한다. 전쟁의 처참한 추억이 '신의 주제'라고 하니, 신의 마음이 얼마나 고통스럽겠는가.
이 시는 앞에서 감상한 '센티멘탈 쟈니'에서 보지 못한 강한 현실 인식이 들어 있다. 전쟁의 처참함을 고발하고, 그로 인해 상처받은 인간의 실존에 대해 고민하고 있다.

눈을 뜨고도

우리들의 섬세한 추억에 관하여
확신할 수 있는 잠시
눈을 뜨고도
볼 수 없는 상태는 어찌할 수가 없었다.

진눈깨비처럼 아니
이지러진 사랑의 환영(幻影)처럼
빛나면서도
암흑처럼 다가오는
오늘의 공포
거기 나의 기묘한 청춘은 자고
세월은 간다.

녹슬은 흉부에
잔잔한 물결에 회상과 회한은 없다.

푸른 하늘가를
기나긴 하계(夏季)의 비는 내렸다.
겨레와 울던 감상(感傷)의 날도
진실로
눈을 뜨고도 볼 수 없는 상태

우리는 결코
맹목의 시대에 살고 있는 것인가.
시력은 복종의 그늘을 찾고 있는 것인가

지금 우수에 잠긴 현창(舷窓)에 기대어
살아 있는 자의 선택과
죽어간 놈의 침묵처럼
보이지는 않으나 관능과 의지의
믿음만을 원하며
목을 굽히는 우리들
오 인간의 가치와
조용한 지면(地面)에 파묻힌 사자(死者)들

또 하나의 환상과
나의 불길한 혐오
참으로 조소(嘲笑)로운 인간의 주검과
눈을 뜨고도
볼 수 없는 상태
얼마나 무서운 치욕이냐.
단지 존재와 부재의 사이에서

● ● 박인환 시인이 작품을 쓴 시기는 1950년대이다. 정확히 말하면 1948년부터 1956년까지이다. 〈목마와 숙녀〉나 〈세월이 가면〉 등의 시에서 보이는 애수 띈 어조나 감상적인 시어 때문에 그의 현실 인식에 대해서는 덜 주목한 면이 있다. 녹슨은 흉부에 잔잔한 물결에 회상과 회한은 없다(3연)라든가, 우리는 결코 맹목의 시대에 살고 있는 것인가(4연), 시력은 복종의 그늘을 찾고 있는 것인가(4연), 살아 있는 자의 선택과 죽어간 놈의 침묵(5연), 조소로운 인간의 주검(6연)에 보이는 날카로운 현실 인식에 주목해서 시를 감상해 보자.

마지막 행 '존재와 부재 사이'가 박인환이 자리한 당대의 위치이다. 그 사이에서 무서운 치욕을 느끼며 눈을 뜨고도 볼 수 없는 상태에서 '인간의 가치'를 생각하며 무한히도 괴로운 시인의 모습이 보인다.

십오일 간

깨끗한 시이트 위에서
나는 몸부림을 쳐도 소용이 없다.
공간에서 들려오는 공포의 소리
좁은 방에서 나비들이 날은다.
그것을 들어야 하고
그것을 보아야 하는
의식(儀式).
오늘은 어제와 분별이 없건만
내가 애태우는 사람은 날로 멀건만
죽음을 기다리는 수인(囚人)과 같이
권태로운 하품을 하여야 한다.

박인환

창(窓) 밖에 날리는 미립자
거짓말이 많은 사전
할 수 없이 나는 그것을 본다
변화가 없는 바다와 하늘 아래서
욕할 수 있는 사람도 없고
알래스카에서 달려온 갈매기처럼
나의 환상의 세계를 휘돌아야 한다.

위스키 한 병 담배 열 갑
아니 내 정신이 소모되어간다. 시간은
십오일 간을 태평양에서는 의미가 없다.
하지만
고립과 콤플렉스의 향기는
내 얼굴과 금간 육체에 젖어버렸다.

바다는 노(怒)하고 나는 잠들려고 한다.
누만년(累萬年)의 자연 속에서 나는 자아를 꿈꾼다.
그것은 기묘한 욕망과
회상의 파편을 다듬는
음참(陰慘)한 망집이기도 하다.

밤이 지나고 고뇌의 날이 온다.
척도를 위하여 코오피를 마신다.
사변(四邊)은 철(鐵)과 거대한 비애에 잠긴
하늘과 바다.
그래서 나는 어제 외롭지 않았다

● ● ● 이 시도 태평양에서의 감상을 담고 있다. 지금이야 비행기로 편히 갈 수 있지만 당시는 배를 타고 여러 날을 갈 수밖에 없었다. 그 여정의 곤혹스러움이 표현되어 있다. '공간에서 들려오는 공포의 소리 좁은 방에서 나비들이 날' 아다니는 모습이 권태롭기까지 하다. 또 변화 없는 바다에서 보내는 15일간의 시간을 아까워한다. 5연 1행에서 '밤이 지나고 고뇌의 날이 온다'고 한 것으로 보아 커피를 마시며 어디쯤 가고 있을까 척도를 재는 밤보다 낮이 더 괴로웠는가 보다.

행복

노인은 육지에서 살았다.
하늘을 바라보며 담배를 피우고
시들은 풀잎에 앉아
손금도 보았다.
차(茶) 한잔을 마시고
정사(情死)한 여자의 이야기를
신문에서 읽을 때
비둘기는 지붕 위에서 훨훨 날았다.
노인은 한숨도 쉬지 않고
더욱 아무것도 바라지 않으며
성서를 외우고 불을 끈다.
그는 행복이라는 것을 말하지 않았다.
그저 고요히 잠드는 것이다.

노인은 꿈을 꾼다.
여러 친구와 술을 나누고
그들이 죽음의 길을 바라보던 전날을.
노인은 입술에 미소를 띄우고
쓰디쓴 감정을 억제할 수가 있다.
그는 지금의 어떠한 순간도
증오할 수가 없었다.
노인은 죽음을 원하기 전에
옛날이 더욱 영원한 것처럼 생각되며
자기와 가까이 있는 것이
멀어져가는 것을
분간할 수가 있었다.

● ● ● 카메라를 멀리 설치해 놓고 한 사람의 행동을 관찰하듯 일정한 거리를 두고 노인의 행복에 대해 말하고 있다. 마치 전지적 작가 시점의 소설을 보는 듯한 느낌이다. 2연 후반부에 '옛날이 더욱 영원한 것처럼 생각' 된다는 표현이 신선하다. 노인은 자신의 친구들이 죽음의 길을 바라보던 날을 기억하며 미소를 짓는다. 또 지금의 어떠한 순간도 증오하지 않으며, 자기와 가까이 있는 것이 멀어져 가는 것을 분간하는 노인 인생의 혜안이 참으로 멋지다.

거리

나의 시간에 스코올과 같은 슬픔이 있다
붉은 지붕 밑으로 향수가 광선을 따라가고
한없이 아름다운 계절이
운하의 물결에 씻겨 갔다

아무 말도 하지 말고
지나간 날의 동화를 운율에 맞춰
거리에 화액(花液)을 뿌리자
따뜻한 풀잎은 젊은 너의 탄력같이
밤을 지구 밖으로 끌고 간다

지금 그곳에는 코코아의 시장이 있고
과실처럼 기억만을 아는 너의 음향이 들린다
소년들은 뒷골목을 지나 교회에 몸을 감춘다
아세틸렌 냄새는 내가 가는 곳마다
음영같이 따른다

거리는 매일 맥박을 닮아 갔다
베링 해안 같은 나의 마을이
떨어지는 꽃을 그리워한다
황혼처럼 장식한 여인들은 언덕을 지나
바다로 가는 거리를 순백한 식장으로 만든다

전정(戰庭)의 수목 같은 나의 가슴은
베고니아를 끼어안고 기류 속을 나온다
망원경으로 보던 천만의 미소를 회색 외투에 싸아
얼은 크리스마스의 밤길로 걸어 보내자

● ● ● 1946년 12월 〈국제신보〉에 발표한 박인환의 등단작으로 알려져 있지만 아직 자료를 발견하지 못한 상태이다. 1946년이면 해방 직후로서, 나라가 혼란한 때이다. 그런 환경이 1연에 '아름다운 계절이 씻겨 간' 것으로 표현되어 있다. 화자는 아직 혼란한 우리나라 환경에서 벗어나고 싶은 마음을 보여준다. 3연과 4연에서 여기가 아닌 다른 곳(지구 밖)을 묘사하고 있다. 코코아의 시장이 있고, 황혼처럼 장식한 여인들이 거리를 순백한 식장으로 만드는 곳으로 가고 싶어한다. 2연의 거리는 현실적인 공간이고, 4연에서 말하는 거리는 미지(이상적인)의 거리이다. 따뜻한 풀잎은 젊은 너의 탄력같이 밤을 지구 밖으로 끌고 간다'(2연), '과실처럼 기억만을 아는 너의 음향이 들린다'(3연)는 구절은 범상하지 않은 표현이다.

태평양에서

갈매기와 하나의 물체
「고독」
연월(年月)도 없고 태양도 차갑다.
나는 아무 욕망도 갖지 않겠다.
더욱이 낭만과 정서는
저기 부서지는 거품 속에 있어라.
죽어간 자(者)의 표정처럼
무겁고 침울한 파도 그것이 노할 때
나는 살아 있는 자(者)라고 외칠 수 없었다.
그저 의지의 믿음만을 위하여
심유(深幽)한 바다 위를 흘러가는 것이다

태평양에 안개가 끼고 비가 내릴 때
검은 날개에 검은 입술을 가진
갈매기들이 나의 가까운 시야에서 나를 조롱한다.
「환상」
나는 남아 있는 것과
잃어버린 것과의 비례를 모른다.

옛날 불안을 이야기했었을 때
이 바다에선 포함이 가라앉고
수십만의 인간이 죽었다.
어둠침침한 조용한 바다에서 모든 것은 잠이 들었다.
그렇다. 나는 지금 무엇을 의식하고 있는가?
단지 살아 있다는 것만으로서

바람이 분다
마음대로 불어라. 나는 데키에 매달려
기념이라고 담배를 피운다.
무한한 고독. 저 연기는 어디로 가나.

밤이여. 무한한 하늘과 물과 그 사이에
나를 잠들게 해라.

● ● 박인환은 1955년 3월에 부산항을 출발하여 한 달 넘는 기간 동안, 일본을 거쳐 미국을 다녀온 후 그 감상이 담긴 시 10여 편을 발표하였다. 이 시는 그중 한 편으로 미국으로 가는 도중의 감상을 쓴 시이다. 1연 도입부에서 약간의 냉소가 느껴진다. 그리고 낭만적인 정서에서 벗어나 되도록이면 자신을 이성적으로 무장하려고 노력하고 있다. 전쟁의 폐허에서 벗어나지 못하고 있는 반도의 작은 나라 한국을 잊고 미국이라는 거대한 나라의 현실을 바르게 제대로 보려는 의지의 표현이 아니었을까. '바람이 분다 / 마음대로 불어라. 나는 데키에 매달려 / 기념이라고 담배를 피운다. / 무한한 고독 저 연기는 어디로 가나.' 박인환 특유의 풍모가 보이는 매력적인 구절이다.

어느 날

사월 십일의 부활제를 위하여
포도주 한 병을 산 흑인과
빌딩의 숲속을 지나
에이브라함 링컨의 이야기를 하며
영화관의 스틸 광고를 본다.
……카아멘 죤스……

미스터 몬은 트럭을 끌고
그의 아내는 쿡과 입을 맞추고
나는 「지렛」 회사의 텔레비전을 본다.

한국에서 전사한 중위의 어머니는
이제 처음 보는 한국 사람이라고 내 손을 잡고
시애틀 시가를 구경시킨다.

많은 사람이 살고
많은 사람이 울어야 하는
아메리카의 하늘에 흰구름.
그것은 무엇을 의미하는가.

나는 들었다 나는 보았다
모든 비애와 환희를.

아메리카는 휘트먼의 나라로 알았건만
아메리카는 링컨의 나라로 알았건만
쓴 눈물을 흘리며
브라보……코리언 하고
흑인은 술을 마신다.

● ● 동양의 작은 나라 한국의 한 국민이 거대한 미국이라는 나라를 여행하고 있다. 휘트먼과 링컨이라는 큰 인물을 배출한 위대한 나라. 어렵게 그 나라에 가서 '쓴 눈물 흘리며 브라보 코리언 하고 말하며 술을 마시는 흑인'을 보았다. 아들이 한국에서 전사한 어느 어머니, 명확하지 않은 어느 날, 명확하지 않은 어느 사람, 명확하지 않은 어느 구름, 명확하지 않은 어느 눈물. 비애와 환희의 명확하지 않은 의미.

박인환

새벽 한시의 시詩

대낮보다도 눈부신
포오틀란드의 밤거리에
단조로운 그렌 미이라의 랍소디가 들린다.
쇼우 윈도우에서 울고 있는 마네킹.

앞으로 남지 않은 나의 잠시(暫時)를 위하여
기념이라고 진 피이즈를 마시면
녹슬은 가슴과 뇌수에 차디찬 비가 내린다.

나는 돌아가도 친구들에게 얘기할 것이 없구나
유리로 만든 인간의 묘지와
벽돌과 콘크리트 속에 있던
도시의 계곡에서
흐느껴 울었다는 것 외에는…….

천사처럼
나를 매혹시키는 허영의 네온.
너에게는 안구(眼球)가 없고 정서(情抒)가 없다.
여기선 인간이 생명을 노래하지 않고
침울한 상념만이 나를 구한다.

바람에 날려온 먼지와 같이
이 이국의 땅에선 나는 하나의 미생물이다.
아니 나는 바람에 날려와
새벽 한시 기묘한 의식으로
그래도 좋았던
부식된 과거로
돌아가는 것이다.

● ● 역시 미국 여행 중에 쓴 시다. 이 시에는 문명에 대한 비판과 회의가 잔뜩 배어 있다. 밤이 대낮보다 밝으며, 유리로 만든 인간의 묘지와 벽돌과 콘크리트 속의 도시, 허영의 네온이 반짝거리고 안구도 없고 정서도 없으며 생명을 노래하지 않고 침울한 상념만을 주는 인간들…… 그런 메마른 도시 한가운데에서 시의 화자는 자신의 존재가 너무 미미한 것을 깨닫는다. 하지만 마지막 부분에서는 야릇한 흥분을 느끼는 반전이 있다. 고국으로 돌아가 친구들에게 얘기할 것이 없을 만큼 건조한 도시에서 바람에 날려온 먼지처럼 보잘것없고 미생물처럼 작은 존재로서 느끼는 기묘한 의식이다. 그것은 그래도 좋았던 부식된 과거(맨 마지막 부분), 그것은 바로 고국의 삶이 아니던가. 가난하지만 인간적인 숨결이 살아 있는 곳.

잠을 이루지 못하는 밤

넓고 개체(個體) 많은 토지에서
나는 더욱 고독하였다.
힘없이 집에 돌아오면 세 사람의 가족이
나를 쳐다보았다. 그러나
나는 차디찬 벽에 붙어 회상에 잠긴다.

전쟁 때문에 나의 재산과 친우가 떠났다.
인간의 이지를 위한 서적 그것은 잿더미가 되고
지난날의 영광도 날아가버렸다.
그렇게 다정했던 친우(親友)도 서로 갈라지고
간혹 이름을 불러도 울림조차 없다.
오늘도 비행기의 폭음이 귀에 잠겨
잠이 오지 않는다.

잠을 이루지 못하는 밤을 위해 시(詩)를 읽으면
공백(空白)한 종이 위에
그의 부드럽고 원만하던 얼굴이 환상(幻像)처럼 어린다.
미래에의 기약도 없이 흩어진 친우(親友)는
공산주의자에게 납치되었다.
그는 사자(死者)만이 갖는 속도로
고뇌의 세계에서 탈주하였으리라.

정의의 전쟁은 나로 하여금 잠을 깨운다.
오래도록 나는 망각의 피안(彼岸)에서 술을 마셨다.
하루하루가 나에게 있어서는
비참한 축제이었다.

그러나 부단한 자유의 이름으로서
우리의 뜰 앞에서 벌어진 싸움을 통찰할 때
나는 내 출발이 늦은 것을 고(告)한다.

나의 재산······이것은 부스러기
나의 생명······이것도 부스러기
아 파멸한다는 것이 얼마나 위대한 일이냐.

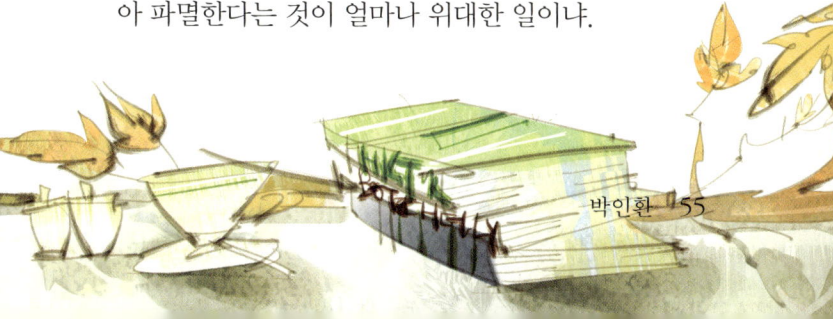

마음은 옛과는 다르다. 그러나
내게 달린 가족을 위해 나는 참으로 비겁하다
그에게 나는 왜 머리를 숙이며 왜 떠드는 것일까.
나는 나의 말로를 바라본다.
그리하여 나는 혼자서 운다.

이 넓고 개체(個體) 많은 토지에서
나만이 지각(遲刻)이다.
언제 죽을지도 모르는 나는
생에 한없는 애착을 갖는다.

● ● ● 밤에 잠을 이루지 못한다니, 고민과 갈등이 깊다. 무엇을 고민하고 어떤 갈등을 겪고 있을까? '오늘도 비행기의 폭음이 귀에 잠겨 / 잠이 오지 않는다.'고 한 것을 보아 현재 전쟁 중이다.
'개체 많은 토지 / 나' (1연), '전쟁으로 죽은 혹은 공산주의자에게 납치된 친구 / 살아 있는 나' (2, 3연), '가족 / 나'가 각기 대립하는 갈등을 겪고 있다.
이 모든 대립은 지금 진행 중인 전쟁으로 인한 것이다. 그런 외부 환경과 대립하는 자아의 갈등은 아이러니 혹은 역설적으로 표현되기도 한다. 정의의 전쟁(4연), 비참한 축제(4연), 파멸의 위대함(5연) 등. 가족을 위해 비겁해진 현실을 안타까워하며 혼자 울며, 언제 죽을지 모르는 상황에서 생에 대한 애착으로 불안에 떨기도 한다.

한줄기 눈물도 없이

음산한 잡초가 무성한 들판에
용사가 누워 있었다.
구름 속에 장미가 피고
비둘기는 야전병원 지붕 위에서 울었다.

존엄한 죽음을 기다리는
용사는 대열을 지어
전선으로 나가는 뜨거운 구두 소리를 듣는다.
아 창문을 닫으시오.

고지탈환전
제트기 박격포 수류탄
어머니! 마지막 그가 부를 때
하늘에서 비가 내리기 시작했다.

옛날은 화려한 그림책
한 장 한 장마다 그리운 이야기
만세 소리도 없이 떠나
흰 붕대에 감겨
그는 남모르는 토지에서 죽는다.

한줄기 눈물도 없이
인간이라는 이름으로서
그는 피와 청춘을
자유를 위해 바쳤다.

음산한 잡초가 무성한 들판엔
지금 찾아오는 사람도 없다.

● ● 연 앞의 두 행과 뒤의 두 행에 전쟁의 비참한 현실이 선명하게 부각되어 있다. 잡초 무성한 들판에 누운 부상병의 모습과 구름 속에 핀 장미와 비둘기가 병치되어 전쟁의 참혹함이 극적으로 대비되었다.
전선으로 나가는 뜨거운 구두 소리를 듣지 말고 창문을 닫으라는 권유는 전쟁의 비극을 다시 한번 환기시킨다. 산화되기 전에 병사가 부른 '어머니!'라는 외침은 비가 되어 내린다. 1연 도입부의 처참한 공간은 마지막 연 두 행에서 다시 등장하는데, 아무도 찾아오지 않는 쓸쓸한 공간으로 마무리함으로써 비극적인 현장을 아주 객관적으로 묘사하고 있다.

고향에 가서

갈대만이 한없이 무성한 토지가
지금은 내 고향.

산과 강물은 어느 날의 회화(繪畵)
피 묻은 전신주 위에
태극기 또는 작업모가 걸렸다.
학교도 군청도 내 집도
무수한 포탄의 작렬과 함께
세상엔 없다.

인간이 사라진 고독한 신의 토지
거기 나는 동상(銅像)처럼 서 있었다.
내 귓전엔 싸늘한 바람이 설레이고
그림자는 망령과도 같이 무섭다.

어려서 그땐 확실히 평화로웠다.
운동장을 뛰다니며
미래와 살던 나와 내 동무들은
지금은 없고
연기 한 줄기 나지 않는다.

황혼 속으로
감상(感傷) 속으로
차는 달린다.
가슴속에 흐느끼는 갈대의 소리
그것은 비창(悲愴)한 합창과도 같다.

밝은 달빛
은하수와 토끼
고향은 어려서 노래 부르던
그것뿐이다.

비 내리는 사경(斜傾)의 십자가와
아메리카 공병(工兵)이
나에게 손짓을 해준다.

● ● ● 전쟁으로 폐허가 된 고향의 모습을 묘사한 시다. 비참하다느니, 슬프다느니 등의 감정을 최대한 누르고 묘사만으로 피폐해진 고향을 생생하게 그려놓았다.
3연 1~2행 '인간이 사라진 고독한 신의 토지 / 거기 나는 동상처럼 서 있었다.' 라는 표현은 참으로 비범한 표현이다. 인간이 사라진 토지에서 신은 어떤 의미로 존재할 수 있을까?
포탄의 작열과 함께 세상에 없는, 연기 한 줄기 나지 않는, 한쪽으로 비스듬히 기울어진(사경) 십자가와 아메리카 공병이 손짓하는 고향에 서서 듣는 것은 가슴속에서 흐느끼는 갈대의 소리

서부전선에서

尹乙洙 神父에게

싸움이 다른 곳으로 이동한
이 작은 도시에
연기가 오른다.
종소리가 들린다.
희망의 내일이 오는가.
비참한 내일이 오는가.
아무도 확언하는 사람은 없었다.

그러나 연기 나는 집에는
흩어진 가족이 모여들었고
비 내린 황톳길을 걸어
여러 성직자는 옛날 교주로 돌아왔다.

〈神이여 우리의 미래를 약속하시오
회한과 불안에 얽매인 우리에게 행복을 주시오〉
주민은 오직 이것만을 원한다.

군대는 北으로 北으로 갔다.
토막에서도 웃음이 들린다.
비둘기들이 화창한
봄의 햇볕을 쪼인다.

●● 마을에 한 차례 폭격이 지나갔다. 연기가 피어오르고 아직 종소리도 들린다. 내일이 있는지 확언하는 사람은 아무도 없다. 그러나 다행히 연기 나는 집에 가족이 모여들고 성직자도 교구로 돌아왔다. 성직자는 신에게 기도한다. 미래를 약속하고 행복을 달라고. 한편으로 시의 화자는 북으로 이동하는 군대 뒤에서 희망의 기운을 느낀다. 병사의 군막에서 들려오는 웃음소리와 화창한 봄볕을 쪼이는 비둘기를 보며…… 시인은 경향신문 기자로 있으면서 1951년 5월부터 종군작가단의 일원으로 전쟁의 현장을 체험하게 되는 데, 그때 쓴 시이다.

부드러운 목소리로 이야기할 때

나는 언제나 샘물처럼 흐르는
그러한 인생의 복판에 서서
전쟁이나 금전이나 나를 괴롭히는 물상(物象)과
부드러운 목소리로 이야기할 때
한 줄기 소낙비는 나의 얼굴을 적신다.

진정코 내가 바라던 하늘과 그 계절은
푸르고 맑은 내 가슴을 눈물로 스치고
한때 청춘과 바꾼 반항도
이젠 서적처럼 불타버렸다.

가고 오는 그러한 제상(諸相)과 평범 속에서
술과 어지러움을 한(恨)하는 나는
어느 해 여름처럼 공포에 시달려
지금은 하염없이 죽는다.

사라진 일체의 나의 애욕아
지금 형태도 없이 정신을 잃고
이 쓸쓸한 들판
아니 이지러진 길목 처마 끝에서
부드러운 목소리로 이야기한들
우리들 또다시 살아 나갈 것인가.

정막처럼 잔잔한
그러한 인생의 복판에 서서
여러 남녀와 군인과 또는 학생과
이처럼 쇠퇴한 철없는 시인이
불안이다 또는 황폐롭다
부드러운 목소리로 이야기한들
광막한 나와 그대들의 기나긴 종말의 노정은
예나 지금이나 변함없노라.

오 난해한 세계
복잡한 생활 속에서
이처럼 알기 쉬운 몇 줄의 시(詩)와
말라버린 나의 쓰디쓴 기억을 위하여
전쟁이나 사나운 애정을 잊고
넓고도 간혹 좁은 인간의 단상에 서서
내가 부드러운 목소리로 이야기할 때
우리는 서로 만난 것을 탓할 것인가
우리는 서로 헤어질 것을 원할 것인가.

.

●●● 부드러운 목소리는 매우 간절한 톤을 유지하고 있다. 최대한 힘을 뺀 상태에서 샘물처럼 흐르는 인생 복판에서 우리들이 또다시 살아나갈 수 있을 것인지, 공포에 시달리던 어느 해 여름을 잊을 수 있을 것인지를 자문하고 있다. 그러나 그 목소리 뒤를 절망의 이미지가 잇고 있다. 전쟁의 공포에 시달리다 죽거나 정신을 잃고 쓸쓸한 들판 혹은 이지러진 길목 처마 끝에서 회의하고 있다. 종말의 노정이 예나 지금이나 변함없음을 확인하고 있다. 시의 화자는 오랫동안 전쟁의 트라우마(큰 충격으로 얻은 정신적인 상처)에서 헤어나오지 못하고 있다.

세월이 가면

지금 그 사람의 이름은 잊었지만
그의 눈동자 입술은
내 가슴에 있어.

바람이 불고
비가 올 때도
나는 저 유리창 밖
가로등 그날의 밤을 잊지 못하지.

사랑은 가고
과거는 남는 것
여름날의 호숫가
가을의 공원
그 벤취 위에
나뭇잎은 떨어지고,
나뭇잎은 흙이 되고
나뭇잎에 덮여서

우리들 사랑이 사라진다 해도
지금 그 사람 이름은 잊었지만
그의 눈동자 입술은
내 가슴에 있어
내 서늘한 가슴에 있건만

● ● ● 이 시에 대한 에피소드가 있다. 술과 낭만을 좋아하던 명동백작 박인환이 어느 날 명동의 단골 술집에서 술을 마시다 즉석에서 시를 읊었다. 마침 그 자리에 함께 있는 작곡가 이진섭이 즉석에서 곡을 붙였다고 전하는 것이 바로 이 시다. 이 시는 그저 읽을 때 느껴지는, 노래로 들을 때 느껴지는 감상을 그대로 흡수하는 것이 제일 좋은 감상이다. 시어 하나하나가 물 흐르듯이 혀를 타고 바람 불듯이 입 밖으로 혹은 가슴속으로 자유롭게 흘러간다. 세월이 모든 추억을 쓸고 그저 흘러가듯이.

가을의 유혹

가을은 내 마음에
유혹의 길을 가리킨다
숙녀들과 바람의 이야기를 하면
가을은 다정한 피리를 불면서
회상의 풍경을 지나가는 것이다.

전쟁이 길게 머무른 서울의 노대(露臺)에서
나는 모딜리아니의 화첩을 뒤적거리며
정막한 하나의 생애의 한시름을
찾아보는 것이다
그러한 순간
가을은 청춘의 그림자처럼 또는
낙엽모양 나의 발목을 끌고
즐겁고 어두운 사념의 세계로 가는 것이다.

즐겁고 어두운 가을의 이야기를 할 때
목메인 소리로 나는 사랑의 말을 한다
그것은 폐원(廢園)에 있던 벤치에 앉아
고갈된 분수를 바라보며
지금은 죽은 소녀의 팔목을 잡던 것과 같이
쓸쓸한 옛날의 일이며
여름은 느리고 인생은 가고
가을은 또다시 오는 것이다.

회색양복과 목관악기는 어울리지 않는다
그저 목을 늘어뜨리고
눈을 감으면
가을의 유혹은 나로 하여금 잊을 수 없는
사랑의 사람으로 한다
눈물 젖은 눈동자로 앞을 바라보면
인간이 매몰될 낙엽이
바람에 날리어 나의 주변을 휘돌고 있다.

● ● ● 가을의 감상을 낭만적으로 잔뜩 멋을 내서 쓴 시다. 숙녀들과 바람의 이야기를 하면 다정한 피리를 불며 지나가는 가을. 모딜리아니의 화첩을 뒤적거리는 순간 청춘의 그림자처럼 발목을 끌고 즐겁고 어두운 사념의 세계로 가는 가을. 3연 1, 2행에서는 「목마와 숙녀」 분위기가 나고, 3연 끝부분에서는 「세월이 가면」 분위기가 느껴진다. 다른 곳에도 어조가 비슷한 부분이 있고, 시어가 닮은 부분도 있다.

나의 생애에 흐르는 시간들

나의 생애에 흐르는 시간들
가느다란 1년의 안젤라스

어두워지면 길목에서 울었다
사랑하는 사람과

숲속에서 들리는 목소리
그의 얼굴은 죽은 시인(詩人)이었다

늙은 언덕 밑
피로한 계절과 부서진 악기

모이면 지낸 날을 이야기한다
누구나 저만이 슬프다고

가난을 등지고 노래도 잃은
안개 속으로 들어간 사람아

박인환

이렇게 밝은 밤이면
빛나는 수목이 그립다

바람이 찾아와 문은 열리고
찬 눈은 가슴에 떨어진다

힘없이 반항하던 나는
겨울이라 떠나지 못하겠다

밤새우는 가로등
무엇을 기다리나

나도 서 있다
무한한 과실만 먹고

● ● 똑딱똑딱 시계 가는 소리에 세월의 흐름을 느끼듯이, 모든 연이 2행으로 이루어졌고, 중간중간에 도치법을 써서 시의 맛을 살리고 있다. 어두워지면 길목에서 울었다 사랑하는 사람과(2연), 모이면 지난날을 이야기한다 누구나 저만이 슬프다고(5연), 나도 서 있다 무한한 과실만 먹고(마지막 행).
죽은 시인의 환영도 보고(3연), 계절은 피곤하고 악기는 부서지고, 사람들은 모두 자기만이 슬프다며 지난날을 회상하고 있다. 지금 생애를 흐르는 시간이 아프게 가고 있다. 맨 마지막 행에서 '무한한 과실'이 뜻하는 것이 참 애매하다. 자기만의 이상, 환상, 꿈 같은 것일까?
1연 2행의 '안젤라스'는 가톨릭에서 아침, 정오, 저녁에 드리는 삼종 기도인 '안젤루스'로 추정하고 있다.

박인환

불행한 샹송

산업은행 유리창 밑으로
대륙의 시민이 푸롬나아드하던 지난해 겨울
전쟁을 피해온 여인은
총소리가 들리지 않는 과거로
수태하며 뛰어다녔다.

폭풍의 뮤즈는 등화관제 속에
고요히 잠들고
이 밤 대륙은 한 개 과실처럼
대리석 위에 떨어졌다.

짓밟힌 나의 우월감이여
시민들은 한 사람 한 사람이 〈데모스테네스〉
정치의 연출가는 도망한
아를르캉을 찾으러 돌아다닌다.

시장(市長)의 조마사(調馬師)는
밤에 가장 가까운 저녁때
웅계(雄鷄)가 노래하는 부루스에 화합되어
평행면체(平行面體)의 도시계획을
코스모스가 피는 한촌(寒村)으로 안내하였다.

의상점(衣裳店)에 신화(神化)한 마네킨
저 기적은 Express for Mukden
마로니에는 창공에 동결되고
기적처럼 사라지는 여인의 그림자는
재스민의 향기를 남겨주었다.

● ● ● 제목에서부터 외국어를 사용하고 있고, 시 여러 부분에서 외국어가 눈에 띈다. 1연 2행의 프롬나아드는 산책, 데모스테네스는 그리스의 뛰어난 웅변가이다. 외국어가 감상을 방해하고 이해를 어렵게 하지만, 도시의 풍광과 분위기를 살리기 위해 일부러 사용한 듯하다. 산업은행, 대륙의 시민, 시장의 조마사(말을 길들이는 사람), 평행면체의 도시계획, 의상점의 마네킹 등은 도시에서 볼 수 있는 다양한 풍광들이다. 그 도시에는 아직도 전쟁의 흔적이 남아 있다. 등화관제를 하느라 고요한 도시에 정신적인 상처를 안고 과거의 시간으로 뛰어다니는 여인이 있다. 도시 생활은 조금 편안해지고 세련되었겠지만 그 위를 흐르는 상송은 불행하다. Mukden은 중국 북동부의 도시 선양의 영어 이름이다.

열차

궤도 우에 철(鐵)의 풍경을 질주하면서
그는 야생(野生)한 신시대의 행복을 전개한다.
– 스티븐 스펜더

폭풍이 머문 정거장 거기가 출발점
정욕과 새로운 의욕 아래
열차는 움직인다
격동의 시간―
꽃의 질서를 버리고
공규(空閨)한 운명처럼
열차는 떠난다.
검은 기억은 전원에 흘러가고
속력은 서슴없이 죽음의 경사를 지난다

청춘의 복받침을
나의 시야에 던진 채
미래에의 외접선을 눈부시게 그으며
배경은 핑크빛 향기로운 대화
깨진 유리창 밖 황폐한 도시의 잡음을 차고

율동하는 풍경으로
활주하는 열차

가난한 사람들의 슬픈 관습과
봉건의 터널 특권의 장막을 뚫고
피비린 언덕 너머 곧
광선의 진로를 따른다
다음 헐벗은 수목의 집단 바람의 호흡을 안고
눈이 타오르는 처음의 녹지대
거기엔 우리들의 황홀한 영원의 거리가 있고
밤이면 열차가 지나온
커다란 고난과 노동의 불이 빛난다
혜성보다도
아름다운 새날보다도 밝게

● ● ● 이 시는 1949년에 김경린·김수영 등과 함께 간행한 「새로운 도시와 시민들의 합창」에 수록되어 있는 작품이다. 그러니까 박인환의 초기작이다. 박인환은 영국의 대표적인 모더니스트의 시인인 스티븐 스펜더를 존경했다고 밝힌 바 있다. 이 시는 스티븐 스펜더의 열차라는 시에서 영감을 얻어 쓴 시이다. 당시에 '열차'는 산업사회와 도시를 상징하는 사물이다. 열차의 속도를 빌려 매우 진취적인 정신을 표현하고 있다. 정욕과 새로운 의욕으로 열차는 움직이고(1연 도입부), 도시의 잡음을 차고 율동하는 풍경으로 활주하며(2연 끝부분), 열차가 지나온 고난과 노동의 불이 혜성보다도 아름다운 새날보다도 밝게 빛난다(시의 끝부분).

장미의 온도

나신과 같은 흰구름이 흐르는 밤
실험실 창 밖
과실의 생명은
화폐모양 권태하고 있다.
밤은 깊어가고
나의 찢어진 애욕은
수목이 방탕하는 포도에 질주한다.

나팔 소리도 폭풍의 부감도(俯瞰圖)
화변(花辨)의 모습을 찾으며
무장한 거리를 헤맸다.

태양이 추억을 품고
암벽(岩壁)을 지나던 아침
요리의 위대한 평범을
Close-up한 원시림의
장미의 온도

● ● ● 2연 2행의 '화변'은 '꽃잎'을 의미하는 '화판(花瓣)'의 오류인 듯하다고 박인환 전집에서 지적하고 있다. 시는 정적인 이미지로 시작되는 반면에 1연 뒷부분과 2연에서 보이는 찢어진 애욕, 방탕하는 포도, 질주, 나팔 소리, 폭풍의 부감도(조감도), 거리를 헤맴 등은 동적인 이미지이다.
3연에 오면 분위기는 다시 정적으로 바뀐다. 3연에서 장미의 온도가 원시림이라는 시어와 어울려 따뜻한 상승의 이미지를 주는 것은 확실하지만 '장미의 온도'를 수식하는 '요리의 위대한 평범을 클로즈업한 원시림'의 의미는 좀 불투명하고 애매하다. 아침에 요리를 해먹는 평범함을 위대하다고 표현한 말인 듯하다.

Part 2
정 · 지 · 용

1923년 4월 도쿄에 있는 도시샤대학 영문과에 입학했으며, 유학시절인 1926년 6월 유학생 잡지인 〈학조〉에 시 〈카페 프란스〉등을 발표했다. 1930년 김영랑과 박용철이 창간한 〈시문학〉의 동인으로 참가했으며, 1933년 〈가톨릭 청년〉 편집고문으로 있으면서 이상(李箱)의 시를 세상에 알렸다. 1939년에는 〈문장〉의 시 추천위원으로 있으면서 박목월 · 조지훈 · 박두진 등의 청록파 시인을 등단시켰다. 1950년 6 · 25 전쟁 이후의 행적에는 여러 설이 있으나 월북했다가 1953년 경 북한에서 사망한 것이 통설로 알려져 있다.

향수 鄕愁

넓은 벌 동쪽 끝으로
옛 이야기 지줄대는 실개천이 휘돌아 나가고,
얼룩백이 황소가
해설피 금빛 게으른 울음을 우는 곳,

— 그곳이 차마 꿈엔들 잊힐 리야.

질화로에 재가 식어지면
뷔인 밭에 밤바람 소리 말을 달리고,
엷은 졸음에 겨운 늙으신 아버지가
짚벼개를 돋아 고이시는 곳,

— 그곳이 차마 꿈엔들 잊힐 리야.

흙에서 자란 내 마음
파아란 하늘빛이 그리워
함부로 쏜 화살을 찾으려
풀섶 이슬에 함추름 휘적시던 곳,

— 그곳이 차마 꿈엔들 잊힐 리야.

전설 바다에 춤추는 밤 물결 같은
검은 귀밑머리 날리는 어린 누이와
아무렇지도 않고 예쁠 것도 없는
사철 발 벗은 아내가
따가운 햇살을 등에 지고 이삭 줍던 곳,

— 그곳이 차마 꿈엔들 잊힐 리야.

하늘에는 성근 별
알 수도 없는 모래성으로 발을 옮기고,
서리 까마귀 우지짖고 지나가는 초라한 지붕,
흐릿한 불빛에 돌아앉아 도란도란거리는 곳,

―그곳이 차마 꿈엔들 잊힐 리야.

● ● 정지용의 대표시이다. 현대 문명이 잊어버리고 잃어버린 고향의 풍경이 자세히 묘사되어 있다. 그런 고향을 경험하지 않은 사람들도 저절로 그리움을 자아내게 하는 정다운 풍경이다. 지금은 흔한 표현방법이 되었지만 1연에 '금빛 게으른 울음'이라는 표현은 '울음'이라는 청각이미지를 '금빛'이라는 시각이미지로 표현한 참 신선한 표현이다. 3연에서 '밤바람 소리'를 '달리는 말'에 비유한 것 또한 참신하다. '귀밑머리 날리는 어린 누이와 사철 발 벗은 아내'는 내 동생 같고 내 엄마같이 너무나 친근하게 다가와 콧등 시큰한 연민까지 불러일으킨다.
이 시의 묘미는 신선한 감각적인 표현과 포근한 고향 정경의 상세한 묘사에 있지만, 그 사이사이에 추상적인 꿈과 동경에 젖게 하는 시어가 들어 있는 것이다. '함부로 쏜 화살'(5연)과, '알 수도 없는 모래성'(마지막 연). 두 구절은 현실적인 풍경에서 정말 알 수 없는 어딘가로 우리를 데리고 간다. 개인적으로 이 두 구절이 없었다면 이 시의 맛은 반으로 줄어들 것이라 생각한다.

호수湖水 1

얼굴 하나야

손바닥 둘로

폭 가리지만,

보고 싶은 마음

호수만하니

눈감을 밖에

● ● 시 「향수」도 가요로 만들어져 많은 인기를 끌었는데, 이 시는 향수보다도 먼저 가요로 만들어졌다. 향수만큼 인기를 끌진 못했으나 알고 있는 사람들은 이 노래를 아주 사랑한다. '얼굴이야 나의 두 손으로 포근히 가릴 수 있다지만, 보고 픈 마음이야 그럴 수가 있나요, 그러니까 나의 두 눈을 감을 수밖에.' 이렇게 가사를 리듬 있게 바꿔 노래로 만들어졌다. 누구나 쉽게 이해할 수 있는 시이다. 어떻게 이리 단순한 말로 보고픈 마음을 '콕 찝어' 표현할 수 있을까, 감탄한다.

정지용

백록담 白鹿潭

1

절정에 가까울수록 뻐꾹채 꽃 키가 점점 소모된다. 한 마루 오르면 허리가 스러지고 다시 한 마루 위에서 모가지가 없고 나중에는 얼굴만 갸옷 내다본다. 화문(花紋)처럼 판 박힌다. 바람이 차기가 함경도 끝과 맞서는 데서 뻐꾹채 키는 아주 없어지고도 팔월 한철엔 흩어진 성진(星辰)처럼 난만하다. 산 그림자 어둑어둑하면 그러지 않아도 뻐꾹채 꽃밭에서 별들이 켜든다. 제자리에서 별이 옮긴다. 나는 여기서 기진했다.

2

암고란(巖古蘭), 환약같이 어여쁜 열매로 목을 축이고 살아 일어섰다.

3

백화(白樺) 옆에서 백화(白樺)가 촉루가 되기까지 산다. 내가 죽어 백화(白樺)처럼 흴 것이 숭없지 않다.

4

귀신도 쓸쓸하여 살지 않는 한 모롱이, 도체비꽃이 낮에 혼자 무서워 파랗게 질린다.

5

바야흐로 해발 육천 척 위에서 마소가 사람을 대수롭게 아니 여기고 산다. 말이 말끼리 소가 소끼리, 망아지가 어미소를 송아지가 어미말을 따르다가 이내 헤어진다.

6

첫새끼를 낳노라고 암소가 몹시 혼이 났다. 얼결에 산길 백 리를 돌아 서귀포로 달아났다. 물도 마르기 전에 어미를 여읜 송아지는 움매—움매—울었다. 말을 보고도 등산객을 보고도 마구 매어달렸다. 우리 새끼들도 모색(毛色)이 다른 어미한테 맡길 것을 나는 울었다.

7

풍란이 풍기는 향기, 꾀꼬리 서로 부르는 소리, 제주 휘파람새 휘파람 부는 소리, 돌에 물이 따로 구르는 소리, 먼 데서 바다가 구길 때 쇄-쇄-솔소리, 물푸레 동백 떡갈나무 속에서 나는 길을 잘못 들었다가 다시 칡넌출 기어간 흰 돌바기 고부랑길로 나섰다. 문득 마주친 아롱점말이 피하지 않는다.

8

고비 고사리 더덕순 도라지꽃 취 삿갓나물 대풀 석용 별과 같은 방울을 달은 고산식물을 새기며 취하며 자며 한다. 백록담 조촐한 물을 그리어 산맥 위에서 짓는 행렬이 구름보다 장엄하다. 소나기 놋낫 맞으며 무지개에 말리우며 궁둥이에 꽃물 이겨 붙인 채로 살이 붓는다.

9

가재도 기지 않는 백록담 푸른 물에 하늘이 돈다. 불구에 가깝도록 고단한 나의 다리를 돌아 소가 갔다. 쫓겨온 실구름 일말에도 백록담은 흐리운다. 나의 얼굴에 한나절 포긴 백록담은 쓸쓸하다. 나는 깨다 졸다 기도조차 잊었더니라.

● ● ● 1939년에 발표한 정지용의 대표적인 장시이다. 정지용은 초기에는 감각적인 시를 써서 '최초의 모더니스트'(김기림이 그렇게 평함)로서의 면모를 보여준 반면 1930년대 후반에는 정신주의 시에 침잠하는 모습을 보여 주었다. 시 「백록담」도 그 대표적인 시로서, 한라산 백록담을 오르는 과정과 그때 만난 여러 식물들에 대해 묘사하고 있지만 그 이면에는 동양적인 사상이 배어 있다. 이를테면, 5연의 '말이 말끼리 소가 소끼리', 9연의 나는 깨다 졸다 기도조차 잊었다는 표현에서 그런 정신을 느낄 수 있다.

시는 모두 9연으로 이루어져 있는데, 특이한 부분은 5, 6연에서 말과 소가 등장하는 것이다. 7연에 말이 잠깐 등장하지만, 두 연만 뺀 모든 연에서 식물 묘사와 그 느낌을 서술하고 있다.

1연에서는 산이 높아질수록 키가 낮아지는 뻐꾹채꽃를 만났고, 2연에서는 암고란, 3연은 백화(자작나무), 4연에선 도체비꽃이 등장한다. 5연에서는 육천 척(1,800미터) 위에서 사람을 대수롭지 않게 여기고 사는 마소를 만나 말이 말끼리 소가 소끼리 살고 있는 모습을 묘사한다. 사람을 대수롭지 않게 여기고 산다는 표현에서는 인간 우월주의에서 벗어난 겸손한 태도를 엿볼 수 있다. 6연에서는 첫 새끼를 낳느라 고생한 암소가 등장한다. 얼결에 어미는 서귀포로 달아났다. 어미 소를 잃고 우는 송아지를 보고 함께 우는 시인의 모습은 참 다정해 보인다. 7연은 풍란, 꾀꼬리, 휘파람새 등, 8연에서는 고비며 고사리 등의 고산식물이 등장한다. 9연에서는 일상에서 일탈한 신선의 모습으로 시인은 쓸쓸한 백록담에서 깨다 졸다 기도조차 잊고 있다.

유리창琉璃窓 1

유리에 차고 슬픈 것이 어른거린다.
열없이 붙어 서서 입김을 흐리우니
길들은 양 언 날개를 파닥거린다.
지우고 보고 지우고 보아도
새까만 밤이 밀려나가고 밀려와 부딪히고,
물 먹은 별이, 반짝, 보석처럼 박힌다.

밤에 홀로 유리를 닦는 것은
외로운 황홀한 심사이어니,
고운 폐혈관이 찢어진 채로
아아 너는 산새처럼 날아갔구나!

●● 이 시는 어린 자식을 잃고 쓴 시로서, 자식을 잃은 후의 상실감이 객관적으로 묘사되어 있다. 김광균의 「은수저」와 함께 자식의 죽음에 대해 쓴 대표적인 시이다. 유리는 차고 딱딱한 느낌을 주는 사물이다. 그 사물에 상실감을 얹어 놓았다. 유리창을 사이에 두고 시인은 바깥과 분리되어 있다. 차고 슬픈 것이 어리는 유리창에 입김을 불어 보지만 길은 언 채 그대로이고, 물 먹은 별도 와서 보석처럼 박히지만 모두 유리를 사이에 둔 그대로이다. 산새처럼 날아가 버린 어린 자식과의 사이에도 차고 딱딱한 벽이 놓여 있다.

유리창琉璃窓 2

내어다보니
아주 캄캄한 밤,
어험스런 뜰 앞 잣나무가 자꼬 커 올라간다.
돌아서서 자리로 갔다.
나는 목이 마르다.
또, 가까이 가
유리를 입으로 쫏다.
아아, 항 안에 든 금붕어처럼 갑갑하다.
별도 없다, 물도 없다, 쉬파람 부는 밤.
소증기선처럼 흔들리는 창
투명한 보랏빛 유리알 아,
이 알몸을 끄집어내라, 때려라, 부릇내라.
나는 열이 오른다.

뺨은 차라리 연정스레이
유리에 부빈다, 차디찬 입맞춤을 마신다.

쓰라리, 알연히, 그싯는 음향 ―
머언 꽃!
도회에서 고운 화재가 오른다.

●● 「유리창 1」에서는 유리벽을 사이에 두고 시의 화자와 바깥세상이 나뉘어 있는 모양에서 바깥에 대한 묘사가 주를 이루었다면 이 시에서는 유리라는 벽을 두고 느끼는 내면의 묘사가 주를 이루고 있다. 시인은 그 공간에서 항 안에 든 금붕어처럼 갑갑함을 느낀다. 그 공간을 별도 없고 물도 없는 곳, 증기선처럼 흔들리는 창, 투명한 보랏빛 유리알로 느끼면서 자신을 끄집어내라고 하소연한다. 유리에 뺨을 부비고 차디찬 입맞춤을 하며 몸부림친다. 문득 먼데서 꽃이 핀 양 화재 현장을 본다. 방금까지도 부비고 입맞추며 깨부수고 싶은 벽이었지만, 화재 현장을 바라보는 행위로써 유리창은 더 이상 깨고 싶은 대상이 아니라 화자와 바깥을 더욱 확실하게 분리시켜 놓는 벽으로 굳어지고 만다.

다알리아

가을볕 째앵하게
내려쪼이는 잔디밭.

함빡 피어난 다알리아.
한낮에 함빡 핀 다알리아.

시악시야, 네 살빛도
익을 대로 익었구나.

젖가슴과 부끄럼성이
익을 대로 익었구나.

시악시야, 순하디순하여다오.
암사슴처럼 뛰어다녀 보아라.

물오리 떠돌아다니는
흰 못물 같은 하늘 밑에,

함빡 피어나온 다알리아.
피다 못해 터져 나오는 다알리아.

● ● ● 한여름에 빨갛게 피어나는 다알리아 꽃을 부끄럼 많이 타는 색시로 치환하였다. 작은 꽃잎이 국화처럼 겹쳐 동그란 모양을 한 다알리아 꽃을 익을 대로 익은 색시로, 붉은 꽃빛을 부끄러워 얼굴 빨개지는 색시에 비유하였다. 잔디밭을 화려하게 만든 꽃처럼 색시에게는 암사슴처럼 뛰어다녀 보라고 권유한다. 지상에는 잔디밭과 빨간 다알리아, 잔디밭과 암사슴의 대조 그리고 지상에는 흰 못물 같은 하늘과 물오리가 색감의 대조를 이루고 있다.

정지용

바다 1

오 · 오 · 오 · 오 · 오 · 소리치며 달려가니
오 · 오 · 오 · 오 · 오 · 연달아서 몰아온다.

간밤에 잠 살포시
머언 뇌성이 울더니,

오늘 아침 바다는
포도빛으로 부풀어졌다.

철석, 처얼석, 철석, 처얼석, 철석,
제비 날아들 듯 물결 새이새이로 춤을 추어.

●● 시청각적인 표현이 주를 이루고 있다. 철저하게 감정을 배제하고 눈에 보이는 것과 귀에 들리는 것을 묘사하고 있다. 이런 시에서는 내용의 의미나 시인의 내면의식은 없다. 새로운 시선으로 본 미의식을 드러낸 시다.

바람 1

바람 속에 장미(薔薇)가 숨고
바람 속에 불이 깃들다.

바람에 별과 바다가 씻기우고
푸른 묏부리와 나래가 솟다.

바람은 음악(音樂)의 호수(湖水).
바람은 좋은 알리움!

오롯한 사랑과 진리(眞理)가 바람에 옥좌(玉座)를 고이고
커다란 하나와 영원(永遠)이 펴고 날다.

● ● ● 바람 속에 숨은 장미와 바람 속에 깃든 불은 같은 장면이다. 같은 장면을 달리 표현하여 마치 다른 장면처럼 나란히 병치시켜 놓았다. 입체적이다. 3D영화 같다. 이런 표현은 우리 현대시에서 보지 못했다. 2연에서 바람의 위력은 대단하다. 지상과 천상을 오고가며 별과 바다를 씻어준다. 그 바람에 묏부리와 나래가 솟아났다. 3연에서 바람은 음악을 연주한다. 4연에서는 이미지는 사라지고 관념적인 사랑과 진리가 바람과 섞인다. 종교적인 염원이 느껴진다.

바다 9

바다는 뿔뿔이
달아나려고 했다.

푸른 도마뱀떼같이
재재발랐다.

꼬리가 이루
잡히지 않았다.

흰 발톱에 찢긴
산호보다 붉고 슬픈 생채기!

가까스로 몰아다 붙이고
변죽을 둘러 손질하여 물기를 씻었다.

이 앨쓴 해도(海圖)에
손을 씻고 떼었다.

찰찰 넘치도록
돌돌 구르도록

회동그라니 받쳐 들었다!
지구는 연잎인 양 오므라들고……펴고……

● ● 바다 연작시의 마지막 시다. 파도 치는 모습을 순간적으로 포착해 내었다. 푸른 바닷물이 빠르게 파도 치는 모습을 재재바른(재빠른) 푸른 도마뱀으로 표현하였다. 4연의 흰 발톱에 찢긴 붉고 슬픈 생채기는 색감의 대조가 아주 두드러지며, 바닷물을 동물성으로 표현한 것이 굉장한 효과를 발휘한다. 그러다 갑자기 6연에서는 해도에 손을 씻었다고 표현한다. 해도라면 바다지도인데, 동물 이미지에서 종이로 이미지를 넘나들고 있다. 마지막 연에서 심상이 갑자기 커진다. 눈앞의 바다에서 지구로 시공간이 확장되었다. 단순한 이미지 묘사로 끝나는 것이 아니라 바다를 통해 지구의 순환과 우주의 섭리를 표현해 내고 있다.

나무

얼굴이 바로 푸른 하늘을 우러렀기에
발이 항시 검은 흙을 향하기 욕되지 않도다.

곡식알이 거꾸로 떨어져도 싹은 반듯이 위로!
어느 모양으로 심기여졌더뇨? 이상스런 나무 나의 몸이여!

오오 알맞은 위치! 좋은 위아래!
아담의 슬픈 유산도 그대로 받았노라.

나의 적은 연륜으로 이스라엘의 이천 년을 헤였노라.
나의 존재는 우주의 한낱 초조한 오점이었도다.

목마른 사슴이 샘을 찾아 입을 잠그듯이
이제 그리스도의 못박히신 발의 성혈에 이마를 적시며—

오오! 신약의 태양을 한아름 안다.

●● 이 시에서는 모더니스트로서의 면모보다 종교적인 것에 치중한 시인의 모습이 투사되어 있다. 1연에서부터 의미를 도드라지게 표현하고 있다. 위로 솟는 나무를 푸른 하늘을 우러른 얼굴로 비유하면서 그랬기에 발이 검은 흙을 향해 있어도 욕되지 않다고 의미 전달을 하고 있다. 여기서 푸른 하늘은 이상적인 것을, 검은 흙은 세속을 말하는 것으로 이해된다. 다음에 이어지는 연들에서도 역시 시인이 말하고자 하는 의미가 강하게 느껴진다. 정지용 시인은 1933년부터 1935년경까지 가톨릭 신앙을 바탕으로 한 시를 썼다. 이 시도 그 즈음에 쓴 듯하다. '알맞은 위치, 좋은 위아래'는 이상적인 신념을 나타내는 것이리라.

말

말아, 다락 같은 말아,
너는 점잖도 하다마는
너는 왜 그리 슬퍼 뵈니?
말아, 사람편인 말아,
검정 콩 푸렁 콩을 주마.

이 말은 누가 난 줄도 모르고
밤이면 먼데 달을 보며 잔다.

● ● 1연의 '다락'은 석상(石像)을 말한다. 시의 분위기가 노천명의 사슴과 비슷하다. '모가지가 길어서 슬픈 짐승이여, (…) 슬픈 모가지를 하고 먼 데 산을 본다.' 동그란 눈동자를 가진 말이 문득 슬퍼 보였는지, 심사가 슬플 때 말을 보았는지. 슬픔을 잊게 하려고 검정 콩, 푸른 콩을 주겠다 한다. 어미도 모른 채 먼 달을 보며 자는 모습을 보는 시인의 마음에 동물에 대한 연민이 가득 담겨 있다.

무서운 시계時計

오빠가 가시고 난 방 안에
숯불이 박꽃처럼 새워 간다.

산모루 돌아가는 차, 목이 쉬어
이 밤사 말고 비가 오시려나?

망토 자락을 여미며 여미며
검은 유리만 내어다보시겠지!

오빠가 가시고 나신 방 안에
시계 소리 서마서마 무서워

● ● 시의 화자가 여자이다. 오빠도 가고 숯불도 사위어 가는 방 안에 홀로 있는 화자. 멀어지는 차 소리에 귀를 기울인다. 자신이 그러하듯이 헤어짐이 섭섭해 검은 유리로 밖을 내다보는 오빠의 모습을 상상한다. 홀로 있는 방에 시계소리가 더 크게 들려 무서움을 느낀다. 시계소리는 외로움의 다른 표현이다. 시계와 외로움이 서로 큰소리로 다투고 있다.

비

돌에
그늘이 차고,

따로 몰리는
소소리 바람.

앞섰거니 하야
꼬리 치날리어 세우고,

종종 다리 까칠한
산새 걸음걸이.

여울 지어
수척한 흰 물살,

갈가리
손가락 펴고.

멎은 듯
새삼 듣는 빗낯

붉은 잎 잎
소란히 밟고 간다.

● ● 산속의 비 오는 풍경이 단아하게 묘사되어 있다. 2행이 1연을 이루어 형식이 절제되었을 뿐 아니라 시어 또한 최대한 아끼고 있다. 이른 봄에 살 속으로 스며드는 차고 매서운 소소리바람이 따로 몰려가고, 산새 걸음걸이는 까칠하다. 흰 물살은 수척하다. 멎는가 하던 빗소리에 귀 기울이는데, 비가 붉은 잎을 소란히 밟고 간다. 절제된 시어로 묘사한 것들의 움직임이나 풍경들이 서로 간섭하지 않고 따로따로 자연스럽고 조화롭게 존재하고 있는 모습을 보여주고 있다.

비극(悲劇)

'비극(悲劇)'의 흰 얼굴을 뵈인 적이 있느냐?
그 손님의 얼굴은 실로 미(美)하니라.
검은 옷에 가리워 오는 이 고귀(高貴)한 심방(尋訪)에
사람들은 부질없이 당황(唐慌)한다.
실상 그가 남기고 간 자취가 얼마나 향(香)그럽기에
오랜 후일(後日)에야 평화(平和)와 슬픔과 사랑의
선물을 두고 간 줄을 알았다.
그의 발옮김이 또한 표범의 뒤를 따르듯 조심스럽기에
가리어 듣는 귀가 오직 그의 노크를 안다.
묵(墨)이 말라 시(詩)가 써지지 아니하는 이 밤에도
나는 맞이할 예비가 있다.
일찌기 나의 딸 하나와 아들 하나를 드린 일이 있기에
혹은 이 밤에 그가 예의(禮儀)를 갖추지 않고 올 양이면
문 밖에서 가벼이 사양하겠다!

●● 비극이 검은 옷에 아름다운 흰 얼굴을 하고 있는 걸 이 시를 통해 안다. 우리는 어리석어 비극의 자취가 얼마나 향기로운지를 먼 훗날에야 알게 된다. 평화와 슬픔과 사랑의 선물을 두고 간 것을 나중에야 알고 그때 비로소 비극의 자취가 향기로운 것을 안다. 그것도 아무나 다 아는 게 아니다. 표범의 뒤를 따르듯 조심스럽게 가려들을 줄 아는 귀가 있는 사람만이 안다. 우리는 대부분 그렇게 미련한 존재이다.

'묵이 말라 시가 써지지 않는 밤', 참으로 기막힌 표현이다. 이런 날은 묵을 다시 갈아 벼루가 촉촉하게 젖어 있은들 시가 써지지 않을 것이다. 그런 밤에도 시인은 비극과 대적할 준비가 되어 있다. 허황한 얘기가 아니다. 딸 하나와 아들 하나를 비극에게 드린 적이 있기에 그러하다. 그래서 비극이란 분이 예의를 갖추지 않고 온다면 가볍게 사양할 수가 있다.

시인이 비극의 자취가 아름다운 것을 안 것은 딸 하나와 아들 하나를 잃어버렸기 때문이다. 오랜 후에 비극에게 평화와 슬픔과 사랑의 선물을 받게 된 것은 그만한 것을 내어주었기 때문이다. 나는 비극에게 무엇을 주었는가, 곰곰이 생각해 보아야 비극에게 받을 선물이 무엇인지를 알게 되겠다.

정지용

비로봉毘盧峯 1

백화(白樺) 수풀 앙당한 속에
계절이 쪼그리고 있다.

이곳은 육체 없는 요적(寥寂)한 향연장
이마에 스며드는 향료로운 자양!

해발 오천 피이트 권운층 우에
그싯는 성냥불!

동해는 푸른 삽화처럼 옴직 않고
누뤼 알이 참벌처럼 옮겨간다.

연정은 그림자마저 벗자
산드랗게 얼어라! 귀뚜라미처럼

● ● ● 비로봉 자작나무(백화) 앙상한 수풀 속에 계절이 쪼그리고 앉아 있다. 육체(살)가 없어 오히려 향연장 같고, 그곳에서 향기로운 자양을 얻는다. 적요롭고 메마른 겨울 숲에서 향연을 느끼고 자양을 얻는 것은 시의 표현으로는 역설이고, 시의 화자(시인)의 정서로 해석하면 그런 것을 즐기고 있는 것으로 이해할 수 있다.
1, 2연을 거쳐 3연에서는 해발 오천 피트(약 1,500미터) 높은 곳으로 장소를 이동하였다. 겹겹이 쌓인 새털구름(권운층) 위에 붉은 노을이 피어오르는 것을 보고 있다. 성냥불을 긋듯이 붉은 기운이 퍼져나가고 있다.
4연 1행은 전혀 움직임이 없는 동해의 정적인 풍경, 2행은 그와 대조적으로 유리알(우박 알갱이로 추정)이 참벌처럼 옮겨가는 동적인 풍경이다. 4연까지는 눈 앞의 풍경을 묘사하였고, 5연에 와서 연정을 벗고 귀뚜라미처럼 얼어버린 자신의 정서를 드러내고 있다.

정지용

새빨간 기관차 機關車

느으릿 느으릿 한눈 파는 겨를에
사랑이 수이 알아질까도 싶구나.
어린 아이야, 달려가자,
두 뺨에 피어오른 어여쁜 불이
일찍 꺼져 버리면 어찌하자니?
줄달음질쳐 가자.
바람은 휘잉. 휘잉.
만틀 자락에 몸이 떠오를 듯.
눈보라는 풀. 풀.
붕어 새끼 꾀어내는 모이 같다.
어린아이야, 아무것도 모르는
새빨간 기관차처럼 달려가자!

● ● ● 동화 같은 분위기를 풍긴다. 시의 화자와 화자가 부르는 어린아이, 기차 이렇게 셋이서 천진난만하게 달리는 풍경이 떠오른다.

1920~30년대에는 기차가 산업화의 상징이었다. 영국의 대표적인 모더니스트 시인 스티븐 스펜더의 「기차」라는 시도 있고, 그 영향을 받아 박인환 시인이 「열차」라는 시도 썼다. 정지용 시인은 이 시 외에도 「기차」와 「슬픈 기차」라는 시를 썼지만 기차를 산업화의 상징으로 사용하진 않았다. 오히려 속도감에 대한 불안감을 나타내고 있다.

4행에 '두 뺨에 피어오른 어여쁜 불' 이라는 구절을 보면 빨간 기차를 볼이 빨갛게 달아오른 어린애로 의인화하고 있다. 시인은 기관차의 속도감을 느끼며 함께 달려가고 싶어한다. 펄펄 날리는 눈보라를 붕어 새끼 꾀어내는 모이로 비유하고는 천진하게 달려가는 기관차를 따라 달려가자고 외친다. 그러나 그 목소리가 기쁜 것 같지는 않다. 기관차 속도와 같은 무언지 모르는 속도감에 적응하려고 자신을 부추기는 것 같다.

장수산長壽山 1

벌목정정(伐木丁丁)이랬거니 아람도리 큰 솔이 베어짐 직도 하이 골이 울어 메아리 소리 쩌르렁 돌아옴직도 하이 다람쥐도 좇지 않고 멧새도 울지 않아 깊은 산 고요가 차라리 뼈를 저리우는데 눈과 밤이 종이보담 희고녀! 달도 보름을 기다려 흰 뜻은 한밤 이 골을 걸음이란다? 웃절 중이 여섯 판에 여섯 번 지고 웃고 올라간 뒤 조찰히 늙은 사나이의 남긴 내음새를 줍는다? 시름은 바람도 일지 않는 고요에 심히 흔들리우노니 오오 견디란다 차고 올연히 슬픔도 꿈도 없이 장수산 속 겨울 한밤 내ㅡ

●● '정정(丁丁)'은 '나무를 베느라고 도끼로 잇따라 찍는 소리'이다. 산의 골짜기가 깊다. 그만큼 고요도 깊고 슬픔도 깊다. 아름드리 큰 소나무가 베어져 넘어질 때 나는 소리 또한 매우 크리라. 그 소리가 메아리되어 돌아오는 소리도 쩌렁쩌렁한 골짜기. 골짜기만큼 깊은 고요가 뼈를 절인다.

종이보다 흰 눈이 쌓인 밤, 달이 흰 빛을 갖기 위해 보름을 기다린 까닭이 있다. 골짜기를 잘 걸어가기 위해서이다. 골짜기의 깊이를 이렇게 돌려 아름답게 표현하였다. 웃절 중이 무슨 내기에 졌는지, 웃으며 돌아간 후의 냄새를 줍기도 한다. 시인은 아직 시름을 버리지 못해 흔들린다. 겨울이 한층 더 깊어지면 슬픔도 꿈도 다 사그러지리라. 그때를 시인은 기다리고 있다.

풍경과 시인의 내면이 잘 교직되어 새로운 풍경이 형성되었다. 그 풍경에서 정신적인 울림이 들려온다. 자연과 사람이 일체가 되었을 때 나오는 울림이다.

시계時計를 죽임

한밤에 벽시계는 불길한 탁목조(啄木鳥)!
나의 뇌수를 미신바늘처럼 쫏다.

일어나 쫑알거리는 시간을 비틀어 죽이다.
잔인한 손아귀에 감기는 가냘픈 모가지여!

오늘은 열 시간 일하였노라.
피로한 이지(理智)는 그대로 치차(齒車)를 돌리다.

나의 생활은 일절 분노를 잊었노라.
유리 안에 설레는 검은 곰인 양 하품하다.

꿈과 같은 이야기는 꿈에도 아니하련다.
필요하다면 눈물도 제조할 뿐!

어쨌든 정각에 꼭 수면하는 것이
고상한 무표정이요 한 취미로 하노라!

명일(明日)!(일자(日字)가 아니어도 좋은 영원한 혼례!)
소리 없이 옮겨 가는 나의 백금 체펠린의 유유한
야간 항로여!

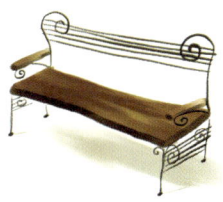

● ● 벽시계 소리를 탁목조(딱따구리)에 비유하고, 시간을 비틀어 죽이며, 시간의 가냘픈 모가지를 손아귀에서 느끼는 1, 2연의 표현이 기발하다. 왜 시간을 죽인 것일까. 시의 화자(시인일 수도 있고 아닐 수도 있는)는 열 시간 동안 노동을 하였다. 분노도 잊고 유리 안의 곰처럼 하품하며 일을 하였다. 눈물도 제조한다는 표현과 정각에 꼭 수면하는 것이 취미라는 표현에서 산업사회에 대한 풍자가 엿보인다. 꿈과 같은 이야기는 꿈에도 아니한다는 말은 꿈도 잊었다는 뜻이겠다. 산업사회의 한 일원으로서 존재감을 상실해 가는 사람의 모습이 들어 있다.

인동차 忍冬茶

노주인의 장벽(腸壁)에
무시로 인동 삼긴 물이 나린다.

자작나무 덩그럭 불이
도로 피어 붉고,

구석에 그늘 지어
무가 순 돋아 파릇하고,

흙냄새 훈훈히 김도 서리다가
바깥 풍설(風雪) 소리에 잠착하다.

산중에 책력도 없이
삼동이 하이얗다.

●● 2행이 한 연을 이루고 있는 간결한 형태의 시다. 형태가 간결하다는 것은 단순히 형식의 문제가 아니다. 내용 또한 간결한 형식에 담길 수 있는 것이어야 한다. 내용과 형식이 모두 간결한 이 시는 한 폭의 동양화를 보는 느낌을 준다. 설명하고 서술하는 것이 아니라 그림을 그린 듯 투명한 시어로 이루어져 있다. 인동차를 마시는 노인, 자작나무에 붉은 불, 구석진 곳에 파릇하게 돋아난 무순, 흙냄새와 풍설 소리에 잠겨 있는 산중. 책력도 없으니 세속의 시간과는 담 쌓았고 사는 노인일 것이다.
4연의 '잠착하다'는 한가지 일에 몰두하다라는 뜻의 '참척하다'의 원말이다.

정지용

카페 프란스

옮겨다 심은 종려나무 밑에
비뚜루 선 장명등,
카페 프란스에 가자.

이놈은 루바쉬카
또 한 놈은 보헤미안 넥타이
뻐쩍 마른 놈이 앞장을 섰다

밤비는 뱀눈처럼 가는데
페이브멘트에 흐느끼는 불빛
카페 프란스에 가자.

이놈의 머리는 비뚤은 능금
또 한 놈의 심장은 벌레 먹은 장미
제비처럼 젖은 놈이 뛰어간다.

오오 패롯[鸚鵡] 서방! 굿 이브닝!'
굿 이브닝!' (이 친구 어떠하시오?)

울금향 아가씨는 이 밤에도
경사 커—튼 밑에서 조시는구려!

나는 자작의 아들도 아무것도 아니란다.
남달리 손이 희어서 슬프구나!

나는 나라도 집도 없단다.
대리석 테이블에 닿는 내 뺨이 슬프구나!

오오, 이국종 강아지야
내 발을 빨아다오.
내 발을 빨아다오.

●● 정지용이 일본 유학 시절에 쓴 이 시는 우리나라 최초의 모더니즘 시로 인정하고 있다. 모더니즘 시라 하면 문명 비판과 전통 거부, 감각적인 표현 등에 치중한 시를 말한다. 이 시에선 문명 비판(전혀 없는 것은 아니지만)보다는 전통적인 시 형식을 거부하고 새롭고 감각적인 표현을 하였다. 시의 배경이 된 곳은 도시이고, 그 당시엔 낯선 카페가 등장하고, 외국어도 우리말로 바꾸지 않고 그대로 여러 번 사용하였다. 5연의 패롯은 앵무새를 말한다.

시의 어조가 대체로 냉소적으로 느껴진다. 후반부에서 그것이 두드러지게 느껴진다. 자작의 아들도 아무것도 아니라고 자신을 소개하는 것과 나라도 집도 없다고 말하는 투가 그러하고, 또 마지막 연에서 이국종 강아지에게 발을 빨아달라고 하는 투에서 냉소적이며 자기비하의 느낌이 강하게 난다. 8연에서 남달리 손이 희다고 말하는 건 바로 앞의 연 울금향의 아가씨가 피곤해서 조는 모양과 대비를 이루고 있다.

할아버지

할아버지가
담뱃대를 물고
들에 나가시니,
궂은 날도
곱게 개이고,

할아버지가
도롱이를 입고
들에 나가시니,
가문 날도
비가 오시네.

● ● 바람 냄새를 맡고 비가 올지 안 올지를 알고, 노 젓는 소리를 듣고 바다의 깊이를 아는 인디언 얘기도 있다. 삶의 연륜이 두터워진다는 건 우주의 섭리를 알아간다는 의미와 같을 것이다. 그건 지식도 아니고 현명함도 아니다. 우주의 한 구성원으로서 우주의 섭리대로 잘 사는 일일 것이다. 지금은 날이 궂지만 곧 갤 것을 알고 들에 나가시는 할아버지, 가문 것 같은데 도롱이를 입고 들에 나가시니 비가 온다. 날씨가 할아버지를 따르는 것일까.

정지용

해바라기 씨

해바라기 씨를 심자.
담모롱이 참새 눈 숨기고
해바라기 씨를 심자.

누나가 손으로 다지고 나면
바둑이가 앞발로 다지고
괭이가 꼬리로 다진다.

우리가 눈감고 한밤 자고 나면
이슬이 나려와 가치 자고 가고,

우리가 이웃에 간 동안에
햇빛이 입맞추고 가고,

해바라기는 첫 시악시인데
사흘이 지나도 부끄러워
고개를 아니 든다.

가만히 엿보러 왔다가
소리를 꽥! 지르고 간 놈이─

오오, 사철나무 잎에 숨은
청개고리 고놈이다.

● ● 정지용은 동시도 많이 썼다. 해바라기 씨를 심는 광경이 너무나 재미있게 그려져 있다. 참새가 알면 다 쪼아 먹으니까 참새 몰래 씨를 심고, 손으로 다지고 나면 바둑이와 고양이도 와 다진다. 잠자는 동안에는 이슬이 내려와 함께 자고 또 햇빛이 입맞추고 간다. 후반부에 청개구리가 해바라기 꽃을 엿보러 왔다가 소리를 지르고 도망 갔다는 표현은 얼마나 기발한가.

Part 3

김·영·랑

1903년 전남 강진에서 출생하여 휘문의숙과 일본동경 청산학원(靑山學院) 영문과에서 공부했다. 1930년 「시문학」에 '동백잎에 빛나는 마음'을 발표하고 등단했으며 첫시집 「영랑시집」(1935) 이후 「영랑시선」(1949) 「현대시집」(1950) 등을 간행하였다. 정지용·박용철과 「시문학」 동인으로 활동하였으며 1950년 작고하였다.

끝없는 강물이 흐르네

내 마음의 어딘 듯 한편에 끝없는
강물이 흐르네.
돋쳐 오르는 아침 날빛이 빤질한
은결을 돋우네.
가슴엔 듯 눈엔 듯 또 핏줄엔 듯
마음이 도른도른 숨어 있는 곳
내 마음의 어딘 듯 한편에 끝없는
강물이 흐르네.

● ● '강물이 흐르네'라는 말이 아니어도 이 시는 시어들이 스스로 흘러가고 있는 느낌이 드는 시다. 영랑도 일제 강점기를 살았지만, 그는 순수서정시를 주로 써서 저항시인들과 대비되어 나약한 시인이라는 평가를 받곤 한다. 하지만 창씨개명이나 신사참배를 거부하는 저항의식을 갖고 말기에는 초기와 다르게 강한 의지가 담긴 시를 썼다.

돌담에 속삭이는 햇발같이

돌담에 속삭이는 햇발같이
풀 아래 웃음짓는 샘물같이
내 마음 고요히 고운 봄길 우에
오늘 하루 하늘을 우러르고 싶다.

새악시 볼에 떠오는 부끄럼같이
시의 가슴에 살포시 젖는 물결같이
보드레한 에메랄드 얇게 흐르는
실비단 하늘을 바라보고 싶다.

● ● ● 이 시는 유성음인 ㄴ, ㄹ, ㅁ, ㅇ을 많이 써서 듣기에 부드러운 느낌을 주어 언어의 조탁을 이룬 시라는 평을 받는다. 김영랑 시의 가장 큰 특징인 언어의 음악성이 잘 드러나 있다. 그래서 이 시는 예전에 노래로도 불려졌다.
시어도 밝고 부드러워 읽다 보면 나도 모르게 입가가 살짝 올라가며 기분이 좋아진다. 햇발같이, 샘물같이, 물결같이.

김영랑

언덕에 바로 누워

언덕에 바로 누워
아슬한 푸른 하늘 뜻없이 바래다가
나는 잊었습네 눈물 도는 노래를
그 하늘 아슬하여 너무도 아슬하여

이 몸이 서러운 줄 언덕이야 아시련만
마음의 가는 웃음 한때라도 없더라냐
아슬한 하늘 아래 귀여운 맘 질기운 맘
내 눈은 감기었데 감기었데.

● ● 영랑 시의 특징 중의 하나는 낭독하기가 참 좋다는 것이다. 어려운 낱말을 사용하지 않고 순수 우리말을 많이 사용하였다. 그래서 여성적인 느낌이 든다. 마음속에 숨기고 있는 서러움을 달래려 눈을 감고 언덕에 누웠지만 1연 3, 4행에서 하늘이 아슬하여 눈물 도는 노래를 잊었다고 하는 것은 어쩐지 잊지 못했다는 말로 들린다. 아이러니(반어법)로 말하고 있다.

오-매 단풍 들것네

「오-매 단풍 들것네」
장광에 골붉은 감잎 날아오아
누이는 놀란 듯이 치어다 보며
「오-매 단풍 들것네」

추석이 내일모레 기둘리리
바람이 잦이어서 걱정이리
누이의 마음아 나를 보아라
「오-매 단풍 들것네」

● ● 1연에서는, 누이가 붉은 감잎을 보며 단풍 들겠다고 말한 것을 묘사함으로써 자연적인 계절을 말했고, 2연에서는 계절적인 것보다는 추석을 기다리는 자신의 기다림을 단풍잎을 빌려 표현하고 있다.
누이야, 내 기다림의 잎은 더 발갛게 단풍 들고 있네~!

김영랑

함박눈

「바람이 부는 대로 찾아가오리」
홀린 듯 기약하신 님이시기로
행여나! 행여나! 귀를 종금이
어리석다 하심은 너무로구려

문풍지 설움에 몸이 저리어
내리는 함박눈 가슴 해어져
헛보람! 헛보람! 몰랐으료만
날더러 어리석단 너무로구료

● ● 낯익은 소월의 리듬이 읽히는 정형시다. 함박눈이 쌓이듯 임을 기다리는 세월이 깊어간다. 어딘지도 모르게 바람이 부는 대로 가버린 임을 몸이 저리도록 가슴이 해어지도록 기다리는 사람에게 어리석다고 말하는 건 보람 없는 기다림보다 더 아프고 잔인한 말이다. 함박눈이 쌓이면 임이 어떻게 오실까요, 어서 눈을 쓸어요.

노래

눈물에 실려가면 산길로 칠십리
돌아보니 찬바람 무덤에 몰리네
서울이 천리로다 멀기도 하련만
눈물에 실려가면 한걸음 한걸음

뱃장 우에 부은 발 쉬일까보다
달빛으로 눈물을 말릴까보다
고요한 바다 우로 노래가 떠간다
설움도 부끄러워 노래가 노래가

● ● 천리보다 먼 길을 눈물에 실려가면 한걸음 한걸음 잘 갈 수 있다는 표현이 참 재미있게 읽힌다. 달빛으로 눈물을 말린다는 표현 또한 재미있다. 눈물 말리기는 달빛보다야 햇빛이 더 나을 텐데. 아마 낮보다는 밤에 더 눈물을 흘렸을 것이다. 눈물도 설움도 멀리멀리 가려면 노래가 되어야 하리.

김영랑

꿈밭에 봄마음

구비진 돌담을 돌아서 돌아서
달이 흐른다 놀이 흐른다
하이얀 그림자
은실을 즈르르 몰아서
꿈밭에 봄마음 가고가고 또 간다

● ● ● 꿈인지, 생시인지 모를 환상적인 풍경이 보인다. 풍경 속에 머물러 있는 것은 단 하나, 돌담. 담 외에는 모두가 움직인다. 달이 흐르고, 놀이 흐르고 하이얀 그림자가 흐르고, 마음도 따라 흐른다. 천천히, 천천히. 평화롭고, 고요하게…… 끝내는 돌담도 달을 따라 놀을 따라 하얀 은실 그림자를 따라 돈다, 돈다.

아지랑이

허리띠 매는 시악시 마음 실같이

꽃가지에 은은한 그늘이 지면

흰날의 내 가슴 아지랑이 낀다

흰날의 내 가슴 아지랑이 낀다

●● 허리띠 매는 색시 마음, 꽃가지에 은은한 그늘, 내 가슴 아지랑이, 모두 가는 다랗다. 굳이 걷어 내거나 햇볕에 말리지 않아도 마음속에 해 될 것은 없겠다.

김영랑

무너진 성터

무너진 성터에 바람이 세나니
가을은 쓸쓸한 맛 뿐이구려
희끗희끗 산국화 나부끼면서
가을은 애닯다 속삭이느뇨

● ● 가을의 쓸쓸한 분위기를 무너진 성터에서 보고 있다. 무너지기 전의 성은 외부로부터, 의심스러운 적으로부터 보호해 주어 안락한 삶의 공간을 제공해 주었다. 하지만 다 무너지고 그 터만 남았다. 무너진 성터에 부는 바람이 세다. 그 바람에 흔들리는 노란 산국화는 가녀린 몸짓으로 가을을 흐르고 있다.

언덕에 누워 바다를 보면

언덕에 누워 바다를 보면
빛나는 잔물결 헤일 수 없지만
눈만 감으면 떠오는 얼굴
뵈올 적마다 꼭 한 분이구려

● ● 참 단순한 시다. 언덕에 누워 어떤 한 분을 떠올리고 있는 상황을 표현하였다. 이렇게 단순하게 시를 감상한다면 시에서 무슨 맛을 느낄 수 있을까? 언덕에 누워 존경하는 혹은 그리워하는 그분을 떠올리는데, 굳이 '바다를 본다'는 말을 할 필요는 없겠다. 하지만 그 말을 함으로써 떠오르는 그분이 내 마음에 차지하고 있는 비중이 훨씬 크게 느껴진다. 뿐만아니라 바다를 보고 있지만 잔물결은 헤일 수 없다고 진술함으로써 그분은 잔물결과 비교할 수 없게 큰 분이라는 것을 간접적으로 느끼게 해 준다. 비유의 효과이다.

김영랑

가늘한 내음

내 가슴속에 가늘한 마음
애끈히 떠도는 내음
저녁해 고요히 지는 제
머─ㄴ 산허리에 슬리는 보랏빛

오! 그 수심 뜬 보랏빛
내가 잃은 마음의 그림자
한 이틀 정열에 뚝뚝 떨어진 모란의
깃든 향취가 이 가슴 놓고 갔을 줄이야

얼결에 여읜 봄 흐르는 마음
헛되이 찾으려 허덕이는 날
뻘 우에 철석 갯물이 놓이듯
얼컥 이-는 훗근한 마음

아! 훗근한 내음 내키다마는
서어한 가슴에 그늘이 도나니
수심뜨고 애끈하고 고요하기
산허리에 슬리는 저녁 보랏빛

● ● 제목이 역설적이다. 그래서 한 번 더 눈길이 간다. 눈으로 알 수 있는 형용사 '가늘다'로 코로 느낄 수 있는 '내음' 이라는 명사를 수식하고 있다. 역설적 상황을 1연 1행의 '가늘한 마음'이 이어받고 있다. 보이지 않는 마음을 가늘다고 표현하였다. 가느다란 마음은 2연에서 시각적인 감각의 보랏빛으로 바뀌면서 이틀 만에 뚝뚝 떨어져 버린 모란으로 형상화된다.
마음껏 즐기지 못해 서운한 마음을 3연에서 '뻘 우에 철석 갯물이 놓인 것'에 비유해 허덕인다고 표현하고 있다. 4연의 서어한, 수심뜨고, 애끈하다는 형용사가 서운한 마음을 더욱 애잔하게 만들어 준다.

내 마음을 아실 이

내 마음을 아실 이
내 혼자 마음 날같이 아실 이
그래도 어데냐 계실 것이면

내 마음에 때때로 어리우는 티끌과
속임없는 눈물의 간곡한 방울방울
푸른 밤 고이 맺는 이슬 같은 보람을
보밴 듯 감추었다 내어드리지

아! 그립다
내 혼자 마음 날같이 아실 이
꿈에나 아득히 보이는가

향 맑은 옥돌에 불이 달아
사랑은 타기도 하오련만
불빛에 연긴 듯 희미론 마음은
사랑도 모르리 내 혼자 마음은

● ● 날 알아주는 사람, 날 찾아오는 사람 없어 쓸쓸하다. 황진이는 동짓달 기나긴 밤의 한 허리를 이불 안에 넣어 두었다가 임이 오시면 굽이굽이 편다고 했다. 영랑은 푸른 밤 고이 맺는 이슬 같은 보람을 감추었다 어딘가 계실 임에게 내어드린다고 한다. 4연 1행에 '향 맑은 옥돌에 불이 달아' 라는 표현이 여리고 연약한 마음을 노출해 자칫 감상적으로 빠질 뻔한 시를 곱게 받쳐주고 있다.

김영랑

모란이 피기까지는

모란이 피기까지는,
나는 아직 나의 봄을 기둘리고 있을 테요.
모란이 뚝뚝 떨어져 버린 날,
나는 비로소 봄을 여읜 설움에 잠길 테요
5월 어느날 그 하루 무덥던 날,
떨어져 누운 꽃잎마저 시들어 버리고는
천지에 모란은 자취도 없어지고
뻗쳐오르던 내 보람 서운케 무너졌느니,
모란이 지고 말면 그뿐, 내 한 해는 다 가고 말아,
삼백 예순 날 하냥 섭섭해 우옵네다
모란이 피기까지는,
나는 아직 기둘리고 있을 테요 찬란한 슬픔의 봄을

● ● 영랑의 대표시다. 전남 강진에 있는 영랑 생가 주변에는 모란슈퍼, 모란빌라 등 영랑이 피워낸 모란꽃이 사계절 내내 만발해 있다. 이 시는 굴렁쇠 같다. 모란이 피기까지 봄을 기다린다고 진술하면서 시가 시작되어 떨어져 버린 모란 때문에 삼백예순 날 섭섭해 울지만, 모란이 피기까지 다시 봄을 기다린다고 진술하면서 시가 마무리된다. 개화와 낙화 즉, 희망과 절망 혹은 성취와 좌절이 서로 맞물려 순환하고 있다. 순환의 굴렁쇠에서 다시 꽃이 피고 기다림이 시작되고 무너진 보람에서 새 계절이 피어나고……

오월한 五月恨

모란이 피는 오월달
월계도 피는 오월달
온갖 재앙이 다 벌어졌어도
내 품에 남는 다순 김 있어
마음실 튀기는 오월이러라

무슨 대견한 옛날이었으랴
그래서 못잊은 오월이랴
청산을 거닐면 하루 한치씩
뻗어오르는 풀숲 사이를
보람만 달리던 오월이러라

아무리 두견이 애닯아 해도
황금꾀꼬리 아양을 펴도
싫고 좋고 그렇기보다는
풍기는 내음에 진을 겪건만
어느새 다 해-진 오월이러라

● ● 모란이 피고, 월계도 피었다. 두견도 애닯아 하고 황금꾀꼬리가 아양을 떤다. 꽃내음이 진동을 한다. 계절의 여왕 오월이다. 좋아해야 마땅하지만, 싫고 좋고보다는 어느새 다 해지고(낡고) 말았다. 하지만 마음실 튀기는 못 잊을 오월이다.

김영랑

불지암 佛地庵

그 밤 가득한 山정기는 기척없이 솟은 하얀 달빛에 모두 쓸리우고
한낮을 향미로우라 울리던 시냇물 소리마저 멀고 그윽하여
중향(衆香)의 맑은 돌에 맺은 금이슬 구을러 흐르듯 아담한 꿈 하나 여승의 호젓한 품을 애끊이 사라졌느니

천년 옛날 쫓기어간 신랑의 아들이냐 그 빛은 청초한 수미山 나리꽃
정녕 지름길 섯드른 흰옷 입은 고운 소년이
흡사 그 바다에서 이 바다로 고요히 떨어지는 별살같이
옆산 모롱이에 언뜻 나타나 앞골 시내로 사뿐 사라지심

● ● 영랑의 시 중 긴 시에 속한다. 비슷한 음보가 반복되어 길긴 하지만 시조를 읽는 느낌이 든다. 영랑의 시에서는 드물게 서사가 들어 있는 것이 또한 특징이다. 불지암은 내금강에 위치한 고찰이다. 불지암을 배경으로 해 속세의 슬픈 사연을 잊지 못해 안타까워하고 있는 여승을 만난다. 앞 시냇물 모이는 새파란 소에 몸 던진 젊은 선비는 꿈에도 본 풍경이런가. 비극적인 드라마가 들어 있다.

승은 아까워 못 견디는 양 희미해지는 꿈만 뒤쫓았으나
끝없는지라 돌여 밝은 날의 남모를 귀한 보람을 품었을 뿐
토끼라 사슴만 뛰어보여도 반드시 기려지는 사나이 지났었느니

고운 輦의 거동이 있음직한 맑고 트인 날 해는 기우는제 승의 보람은 이루었느냐 가엾어라 미목청수한 젊은 선비 앞시냇물 모이는 새파란 소에 몸을 던지시니라

마당 앞 맑은 새암

마당 앞
맑은 새암을 들여다본다

저 깊은 땅 밑에
사로잡힌 넋 있어
언제나 머―ㄴ 하늘만
내어다보고 계심 같아

별이 총총한
맑은 새암을 들여다본다

저 깊은 땅속에
편히 누운 넋 있어
이 밤 그 눈 반짝이고
그의 겉몸 부르심 같아

마당 앞
맑은 새암은 내 영혼의 얼굴

● ● 마당 앞 맑은 샘에서 자신 영혼의 얼굴을 만난다. 처음에는 깊은 땅 속에 편히 누운 어떤 사람을 만났으나 나중에 그 사람이 곧 자신이 된다. 분리되어 있던 존재가 자신과 합일된다. 타인이 자신이고, 자신이 타인이다. 타인에게서 자신을 보고, 자신에게서 타인의 모습을 만나는 것이 인간 존재이다.

김영랑

황홀한 달빛

황홀한 달빛
바다는 은(銀)장
천지는 꿈인 양
이리 고요하다

부르면 내려올 듯
정든 달은
맑고 은은한 노래
울려올 듯

저 은(銀)장 우에
떨어진단들
달이야 설마
깨어질라고

떨어져보라
저 달 어서 떨어져라
그 혼란스럼
아름다운 천동지동

후젓한 삼경
산 우에 홀히
꿈꾸는 바다
깨울 수 없다

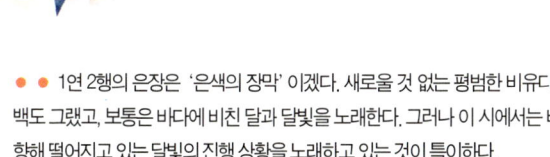

● ● 1연 2행의 은장은 '은색의 장막' 이겠다. 새로울 것 없는 평범한 비유다. 이태백도 그랬고, 보통은 바다에 비친 달과 달빛을 노래한다. 그러나 이 시에서는 바다를 향해 떨어지고 있는 달빛의 진행 상황을 노래하고 있는 것이 특이하다.
때가 삼경이면 밤 11시에서 새벽 1시 사이다. 고요한 바다에 떨어지는 달빛을 아름답게 노래하였는데 하늘과 땅의 순환운동을 말한 4연 4행의 '아름다운 천동지동' 은 좀 생뚱맞다. 리듬을 맞추기 위해 그런 듯하다. 은빛 실루엣을 통해 바다를 보는 신비한 느낌이다.

김영랑

독을 차고

내 가슴에 독을 찬 지 오래로다.
아직 아무도 해한 일 없는 새로 뽑은 독
벗은 그 무서운 독 그만 흩어버리라 한다.
나는 그 독이 선뜻 벗도 해할지 모른다 위협하고

독 안 차고 살아도 머지 않아 너 나 마저 가 버리면
억만 세대가 그 뒤로 잠자코 흘러가고
나중에 땅덩이 모자라져 모래알이 될 것임을
'허무한듸!' 독은 차서 무엇하느냐고?

아! 내 세상에 태어났음을 원망 않고 보낸
어느 하루가 있었던가, '허무한듸!' 허나
앞뒤로 덤비는 이리 승냥이 바아흐로 내 마음을 노리매
내 산 채 짐승의 밥이 되어
찢기우고 할퀴우라 내맡긴 신세임을

나는 독을 차고 선선히 가리라.
막음 날 내 외로운 혼(魂) 건지기 위하여.

● ● 영랑의 후기 시로서, 영랑의 현실인식이 강하게 드러나 있다. 영랑의 시 대부분이 여성적인 어조인데 이 시의 화자는 남성으로서 굵고 강한 목소리를 내고 있다. 1연은 시의 화자에게 독을 버리라고 벗이 권유하고, 2연은 허무한 세상에 독은 차서 무엇하느냐며 충고한다. 여기서 벗의 허무의식을 엿볼 수 있다. 3, 4연은 험난한 현실에 대응하기 위해선 독을 차야 한다는 화자의 입장이 그려져 있다.
1연 2행에서 '아무도 해한 일 없는 새로 뽑은'이라는 구절에서 화자의 결연함이 엿보인다. 3행에서 벗이 '무서운 독 그만 흩어버리라고' 말하는 순간이 시의 화자와 벗이 대결하기 시작하는 부분이다. 시의 화자와 화자의 친구 두 사람의 대결 구도로 인해 화자의 현실 저항 의식이 더욱 강조되고 있다.

김영랑 149

내 훗진 노래

그대 내 훗진 노래를 들으실까
꽃은 까득 피고 벌떼 닝닝거리고

그대 내 그늘 없는 소리를 들으실까
안개 자욱히 푸른 골을 다 덮었네

그대 내 흥 안 이는 노래를 들으실까
봄물결은 왜 이는지 출렁거린디

내 소리는 꿰벗어 봄철이 실타리
호젓한 소리 가다가는 쓸쓸한 소리

어슨 달밤 빨간 동백꽃 쥐어따서
마음씨인양 꽁꽁 주물러버리네

● ● 영랑의 시에는 봄이 많이 등장한다. 봄의 상징은 희망, 소생, 회복 등이다. '훗진' 이란, '쓸쓸하고 외롭다'는 뜻의 호젓한(4연 2행)과 같은 뜻인 듯하다. 꽃이 가득 피고 벌떼 잉잉거리는 봄날에 혼자 쓸쓸하게 부르는 노래를 그대는 들으실까. 노래에 흥이 일지 않는 이유를 그대는 아실까. 애먼 동백꽃만 쥐어따고 있다.
1연부터 3연까지 1행에서 '들으실까' 하는 말을 반복하고, 2행은 그에 답을 하듯이 읊은 것이 리드미컬하고 매력 있게 읽힌다.
내 훗진 노래를 들으실까-꽃이 가득 피고 벌떼 닝닝거리고
내 그늘 없는 소리를 들으실까-안개 자욱히 골을 다 덮었네
그대 내 흥 안 이는 노래를 들으실까-봄물결은 출렁거린디

김영랑

수풀 아래 작은 샘

수풀 아래 작은 샘
언제나 흰구름 떠가는 높은 하늘만 내어다보는
수풀 속의 맑은 샘
넓은 하늘의 수만 별을 그대로 총총 가슴에 박은 작은 샘
두레박을 쏟아져 동이 가를 깨치는 찬란한 떼별의
흩는 소리
얼켜져 잠긴 구름 손결이
온 별나라 휘흔들어버리어도 맑은 샘
해도 저물녘 그대 종종걸음 훤듯 다녀갈 뿐 샘은
외로워도
그밤 또 그대 날과 샘과 셋이 도른도른
무슨 그리 향그런 이야기 날을 세웠나
샘은 애끈한 젊은 꿈 이제도 그저 지녔으리
이밤 내 혼자 나려가볼꺼나 나려가볼꺼나

●●● 시 「마당 앞 맑은 새암」에서 영랑은 자기 영혼의 얼굴을 만났다. 「수풀 아래 작은 샘」에서는 자신과 그대와 샘이 도란도란 이야기로 날을 새운 것을 회상한다. 샘은 보통 샘이 아니다. 높은 하늘만 내다보고, 수만 별을 가슴에 박고 산다. 총총 별이 가득한 샘을 구름이 뒤흔들어 버려도 맑은 채 있다. 샘은 언제나 젊은 꿈을 그대로 지니고 있다. 도란도란 향기로웠던 날들을 간직하고 있다. 시인은 변하지 않는 꿈과 이상을 샘에 투사하고 있다. '찬란한 떼별의 흩는 소리' '얼켜져 잠긴 구름 손결이 온 별나라 휘흔들어 버리어도 맑은 샘'은 아름다운 묘사의 극치를 이루고 있다. 아름다운 묘사 안에 숨겨둔 꿈과 이상을 시인은 다시 확인해 보고 싶다. '내 혼자 나려가볼꺼나 나려가볼꺼나.'

강물

잠자리가 설워서 일어났소
꿈이 고웁지 못해 눈을 떴소

베개에 차단히 눈물은 젖었는디
흐르다 못해 한 방울 애끈히 고이였소

꿈에 본 강물이라 몹시 보고 싶었소
무럭무럭 김오르며 내리는 강물

언덕을 혼자서 거니노라니
물오리 갈매기도 끼륵끼륵

강물은 철철 흘러가면서
아심찮이 그 꿈도 떠싣고 갔소

꿈이 아닌 생시 가진 설움도
자꾸 강물은 떠싣고 갔소

● ● 영랑은 당대의 현실보다는 주로 자신의 정서를 시로 노래하였다. 그리고 언어의 미적 구조와 음악성에 치중하였다. 이 시에서도 어떤 의미나 현실인식보다는 꿈에 본 강물을 아쉬워하는 자신의 정서를 노래하고 있다. 꿈에 본 강물을 아쉬워하는 건 자신의 꿈을 떠싣고 갔기 때문이고, 생시 가진 설움도 떠싣고 갔기 때문이다. 현실인식이 없다고 해서 당대 우리 민족이 가지고 있던 설움이나 한을 전혀 모른 체한 건 아니다. 첫 연의 꿈이 고웁지 못한 것이나 마지막 연의 생시 가진 설움 속에는 개인의 일뿐 아니라 사회적인 문제 등을 생각하는 맘이 들어 있다.

가야금

북으로
북으로
울고 간다 기러기

남방의
대숲 밑
뉘 휘여 날켰느뇨

앞서고 뒤섰다
어지럴 리 없으나

가냘픈 실오라기
네 목숨이 조매로아

● ● 가야금 소리를 들으며 일어난 심상을 적은 시다.
남방 대숲 밑에 살던 기러기를 누가 날게 했느뇨(날켰느뇨). 애조 띤 가야금 소리를 살 곳을 찾아 먼 데로 날아가는 기러기 소리로 치환해 놓았다.

금호강

언제부터
응 그래 저 수백 리를
맥맥히 이어받고 이어가는 도란 물결소리
슬픈 어족(魚族) 거슬러 행렬하는 강
차라리 아쉬움에
내 후련한 연륜과 함께
맛보듯 구수한 이야기 잊고
어드맬 흘러갈 금호강

여기 해뜨는 아침이 있었다
계절풍과 더불어 꽃피는 봄이 있었다
교교히 달빛 어린 가을이 있었다.

이 나룻가에서
내가 몸을 따루며 살았다.
물소리를 듣고 잠들었다.
오랜 오늘
근이는 대학을 들고
수방우와 그리고 선이가 죽었다는
소문이 도시 믿어지지 않은,

이 나룻가
오롯한 위치에 내 홀로 서면,
지금은 어느 어머니가 된
눈맵시 아름다운 연인의 이름이,
아직도 입술에 맵돌아
사라지지 않고,
이 나룻가 물을 마시고 받은
내 청춘의 상처
아 – 나의 병아

● ● 계절이나 자연의 정경을 통해 여러 심정을 투사하던 영랑이 금호강에서 추억의 여인을 그리워하고 있다.
바람이 불면 강변 갈대밭에서 비파(琴) 소리가 나고, 호수(湖)처럼 물이 맑고 잔잔하다 하여 금호(琴湖)라는 이름이 붙은 금호강. 친구가 대학에 들어갔다는 소식과 옛 친구가 죽었다는 믿어지지 않은 소식을 들었던 나룻가를 다시 찾아가 입술에 붙은, 눈맵시 아름다운 연인의 이름을 불러보고 있다. 누구에게나 있는 청춘의 상처, 영원히 치유되지 않을 병을 들추어본다.

오월 아침

비 개인 5월 아침
혼란스런 꾀꼬리 소리
– 찬란한 햇살 퍼져오릅네다

이슬비 새벽을 적시울 즈음
두견의 가슴 찢는 소리 피어린 흐느낌
한 그릇 옛날 향훈(香薰), 어찌
이 맘 홍근 안 젖었으리오마는

이 아침 새 빛에 하늘대는 어린 속잎들
저리 부드러웁고
그 보금자리에 찌찌찌 소리내는 잡새의
발목은 포실거리어
접힌 마음 구긴 생각 이제 다 어루만져졌나보오

꾀꼬리는 다시 창공을 흔드오
자랑찬 새 하늘을 사치스레 만드오

몰핀 냄새도 잊어버렸대서야
불혹이 자랑이 되지 않소
아침 꾀꼬리에 안 불리는 혼(魂)이야
새벽 두견이 못 잡는 마음이야
한낮이 정밀(靜謐)하단들 또 무얼하오

저 꾀꼬리 무던히 소년인가보
새벽 두견이야 오–랜 중년이고
내사 불혹을 자랑튼 사람.

● ● 당대의 현실보다 자신의 정조를 드러내는 시를 써서 현실 인식이 부족하다는 평을 듣는 영랑. 전남 강진의 부유한 지주 집안에서 태어난 환경이 현실 인식을 부족하게 만든 원인일 수도 있겠다. 이 시에서도 역시 현실 인식은 보이지 않지만 다른 시보다 목소리가 굵고 힘이 있다. 마흔 살을 넘어 중년에 이른 사람의 무게도 느껴진다. 몰핀 냄새를 잊어버렸다는 것이 불혹의 자랑이 아니라 한 것은, 몰핀에 의지해야 할 만큼 고민거리가 많다는 것을 말해주는 듯하다. 마지막 연에서 꾀꼬리를 무던한 소년으로, 새벽 두견을 오랜 중년으로 비유한 것이 재미있다.

Part 4
오·장·환

충척북도 보은 출생으로 1930년 안성보통학교를 졸업하고 중동학교 속성과를 거쳐 1931년 휘문고등보통학교에 입학했다. 일본 메이지대학 문예과에서 공부했고, 1936년 〈낭만〉〈시인부락〉 동인과 1937년 〈자오선〉 동인으로 활동했다. 8·15해방 후 조선문학가동맹에 가담해 좌익 시인으로 활동하며 해방의 역사적 의미를 되새기고 어지러운 정시상황을 비판하는 시와 〈병든 서울〉〈내 나라, 오 사랑하는 내 나라〉등의 서정시를 썼다. 1948년에 월북한 것으로 알려져 있다.

The last train

저무는 역두에서 너를 보냈다.
비애야!

개찰구에는
못 쓰는 차표와 함께 찍힌 청춘의 조각이 흩어져 있고
병든 歷史가 화물차에 실리어 간다.

대합실에 남은 사람은
아즉도
누쿨 기둘러

나는 이곳에서 카인을 만나면
목놓아 울리라.

거북이여! 느릿느릿 추억을 싣고 가거라
슬픔으로 통하는 모든 노선(路線)이
너의 등에는 지도처럼 펼쳐 있다.

● ● "비애야!라는 짧은 한마디 말이 시행 전체를 한숨처럼 메우고 있는 운율감이 처절하다."고 이어령 평론가가 평한 바 있다. 1연은 평범하게 말하면 '비애를 버렸다.' 이다. 그런데 표현을 그렇게 바꿈으로써 울림이 굉장히 커졌을 뿐 아니라, 뭔가 대의를 위해 정신 무장을 한 듯한 비장함까지 느껴진다.

시의 화자는 누구를 배웅하기 위해 대합실에 서 있는 게 아니다. 비애를 보내고 카인을 만나기 위해 와 있다. 카인을 맞이하기 위해 비애를 버렸고, 버림받은 비애는 거북이 등을 타고 어딘가로 가고 있다. 시의 화자가 보낸 비애에는 추억을 비롯하여 슬픔으로 통하는 모든 노선이 들어 있다.

카인은 시기심 때문에 동생을 죽이고 죄책감에 시달리며 산 구약 성경에 나오는 인물로서 넓게 생각하면 우리 모두는 카인의 후예이다. 시인은 시대적인 아픔을 껴안고 그 아픔을 구제하지 못한 죄의식을 갖고 있다는 생각으로 카인과 동류의식을 느낀 것이 아닐까 생각한다. 감상적이고 사적인 정서인 비애를 버린 이유가 바로 그것이다. 비애를 버리자 병든 역사가 함께 실려가고 있다.

오장환

8월 15일의 노래

기폭을 쥐었다.
높이 쳐들은 만인의 손 우에
깃발은 일제히 나부낀다.

"만세!"를 부른다. 목청이 터지도록
지쳐 나서는
군중은 만세를 부른다.

우리는 노래가 없었다.
그래서
이처럼 부르짖는 아우성은
일찍이 끓어오던 우리들 정열이 부르는 소리다.

아 손에 손에 깃발들을 날리며
큰길로 모이는 사람아
우리는 보았다.
이곳에 그냥 기쁨에 취하고, 함성에 목메인 겨레를……

그리고
뒤끓는 환희와 깃발의 꽃바다 속에
무수히 따라가는 이동과 근로하는 이들의 행렬을……

춤추는 깃발이여!
나부끼는 마음이여!
이들을 지키라.

너희들은, 자랑스런 너희들 가슴으로
해방이 주는 노래 속에서
또 하나의 검은 쇠사슬이 움직이려 하는 것을……

● ● 오장환은 울림이 크고 서사 줄거리가 들어 있는 스케일이 큰 시를 쓴 시인이지만 월북문인 명단에 들어가 있어 일반 독자들에게 작품이 많이 알려지지 않았다. 카프에 관여하여 활동하였고, 문학대중화운동위원회 위원으로도 활동하였다. 그래서 시에 현실 인식이 많이 들어가 있다.
일제에서 해방된 8·15를 이렇게 시원하게 노래한 시가 또 어디 있는가. 3연은 차라리 슬프다. 우리는 노래가 없었기에 이처럼 부르짖는 아우성이 우리들 정열이 부르는 노래라는 말은 얼마나 슬픈가. 그리고 5연에서 시인이 어디에 관심을 두고 있는지가 보인다. '춤추는 깃발이여! / 나부끼는 마음이여! / 이들을 지키라.' 마지막 연에서 시의 화자가 느낀 '해방이 주는 노래 속에서 또 하나의 검은 쇠사슬이 움직이려 하는 것'은 무서운 현실인식이다. 마냥 좋아라 할 수 없는, 해방 속에 들어 있는 또 하나의 '검은 쇠사슬'의 속성을 잘 알았어도……

병든 서울

8월 15일 밤에 나는 병원에서 울었다.
너희들은 다 같은 기쁨에
내가 운 줄 알지만 그것은 새빨간 거짓말이다.
일본 천황의 방송도,
기쁨에 넘치는 소문도,
내게는 곧이가 들리지 않았다.
나는 그저 병든 탕아로
홀어머니 앞에서 죽는 것이 부끄럽고 원통하였다.
그러나 하로 아츰 자고 깨니
이것은 너무나 가슴을 터치는 사실이었다.
기쁘다는 말
에이 소용도 없는 말이다.
그저 울면서 두 주먹을 부르쥐고
나는 병원에서 뛰쳐나갔다.
그리고, 어째서 날마다 뛰쳐나간 것이냐.

큰 거리에는,
네거리에는, 누가 있느냐.
싱싱한 사람 굳건한 청년, 씩씩한 웃음이 있는 줄 알았다.

아, 저마다 손에 손에 깃발을 날리며
노래조차 없는 군중이 '만세'로 노래 부르며
이것도 하로 아츰의 가벼운 흥분이라면 ……
병든 서울아, 나는 보았다.
언제나 눈물 없이 지날 수 없는 너의 거리마다
오늘은 더욱 김승보다 더러운 심사에
눈깔에 불을 켜들고 날뛰는 장사치와
나다니는 사람에게
호기 있이 몬지를 씌워주는 무슨 본부, 무슨 본부,
무슨 당, 무슨 당의 자동차.
그렇다. 병든 서울아,

지난날에 네가, 이 잡놈 저 잡놈
모도 다 술취한 논들과 밤늦도록 어깨동무를 하다시피
아 다정한 서울아
나도 미턴을 털고 보면 그런 놈 중의 하나이다.
나라 없는 원통함에
에이, 나라 없는 우리들 청춘의 반항은 이러한
것이었다.
반항이여! 반항이여! 이 얼마나 눈물나게 신명나는
일이냐

아름다운 서울, 사랑하는 그리고 정들은 나의 서울아
나는 조급히 병원 문에서 뛰어나온다.
포장 친 음식점, 다 썩은 구루마에 차려놓은 술장수
사뭇 돼지구융같이 늘어슨
끝끝내 더러운 거릴지라도
아, 나의 뼈와 살은 이곳에서 굵어졌다.

병든 서울, 아름다운, 그리고 미칠 것 같은 나의 서울아
네 품에 아모리 춤추는 바보와 술취한 망종이 다시
끓어도 나는 또 보았다.
우리들 인민의 이름으로 씩씩한 새 나라를 세우려
힘쓰는 이들을…
그리고 나는 웨친다.
우리 모든 인민의 이름으로
우리네 인민의 공통된 행복을 위하야
우리들은 얼마나 이것을 바라는 것이냐.
아, 인민의 힘으로 되는 새 나라

8월 15일, 9월 15일
아니, 삼백예순날
나는 죽기가 싫다고 몸부림치면서 울겠다.
너희들은 모도 다 내가
시골구석에서 자식 땜에 상해버린 홀어머니만을
위하야 우는 줄 아느냐.
아니다. 아니다. 나는 보고 싶으다.
큰물이 지나간 서울의 하늘이…
그때는 맑게 개인 하늘에
젊은이의 그리는 씩씩한 꿈들이 흰구름처럼
떠도는 것을…

아름다운 서울, 사모치는, 그리고, 자랑스런 나의 서울아,
나라 없이 자라난 서른 해,
나는 고향까지 없었다.
그리고, 내가 길거리에서 자빠져 죽는 날,
그곳은 넓은 하늘과 푸른 솔밭이나 잔디 한뼘도 없는
너의 가장 번화한 거리
종로의 뒷골목 썩은 냄새 나는 선술집 문턱으로 알았다.

그러나 나는 이처럼 살았다.
그리고 나의 반항은 잠시 끝났다.
아 그동안 슬픔에 울기만 하여 이냥 질척어리는 내 눈
아 그동안 독한 술과 끝없는 비굴과 절망에 문드러진 내 쓸개
내 눈깔을 뽑아버리랴, 내 쓸개를 잡어떼어 길거리에 팽개치랴.

● ● 오장환의 대표시이다. 목소리가 매우 격앙되어 있다. 시인은 일제 말기에 붓을 꺾지 않으면서도 친일하지 않은 몇 안 되는 시인 중의 한 사람이다. 이 시에는 해방 후의 혼란한 현실에 대해 부정적인 인식을 갖고 있는 시인의 모습이 많이 노출되어 있다. 해방이 되자 모든 사람들이 새로운 세상을 꿈꾸었으나 현실은 그렇지 않았다. 해방의 감격은 얼마 가지 않았고 어수선한 정국으로 인해 울분과 좌절을 갖게 되었다. 8월 15일의 노래 마지막 연 마지막 행에 나오는 '또 하나의 검은 쇠사슬'은 시인의 인식을 보여주는 구절이다. 그런 현실 속에서도 새로운 시대에 대한 염원은 놓지 않고 있다.
시인은 신장병을 앓느라 해방을 병상에서 맞이하였다. 「입원실에서」라는 시에서는 해방을 맞았으나 병상에 누워 있어야만 하는 답답함을 노래하였다.

오장환

황혼

직업소개소에는 실업자들이 일터와 같이 출근하였다. 아무 일도 안하면 일할 때보다는 야위어진다. 검푸른 황혼은 언덕 알로 깔리어오고 가로수와 절망과 같은 나의 긴 그림자는 군집(群集)의 대하(大河)에 짓밟히었다.

바보와 같이 거물어지는 하늘을 보며 나는 나의 키보다 얕은 가로수에 기대어 섰다. 병든 나에게도 고향은 있다. 근육이 풀릴 때 향수는 실마리처럼 풀려나온다. 나는 젊음의 자랑과 희망을, 나의 무거운 절망의 그림자와 함께, 뭇사람의 웃음과 발길에 채우고 밟히며 스미어오는 황혼에 맡겨버린다.

제 집을 향하는 많은 군중들은 시끄러이 떠들며, 부산히 어둠속으로 흩어져버리고, 나는 공복의 가는 눈을 떠, 희미한 노등(路燈)을 본다. 띠엄띠엄 서 있는 포도 우에 잎새 없는 가로수도 나와 같이 공허하고나.

고향이어! 황혼의 저자에서 나는 아리따운 너의 기억을 찾어 나의 마음을 전서구(傳書鳩)와 같이 날려보낸다. 정든 고샅. 썩은 울타리. 늙은 아베의 하얀 상투에는 몇 나절의 때묻은 회상이 맺혀 있는가. 우거진 송림 속으로 곱게 보이는 고향이여! 병든 학이었다. 너는 날마다 야위어가는……

어디를 가도 사람보다 일 잘하는 기계는 나날이 늘어나가고, 나는 병든 사나이. 야윈 손을 들어 오랫동안 타태(惰怠)와, 무기력을 극진히 어루만졌다. 어두워지는 황혼 속에서, 아무도 보는 이 없는, 보이지 않는 황혼 속에서, 나는 힘없는 분노와 절망을 묻어버린다.

● ● 요즘 시에서 많이 보이는 산문시의 형식을 취하고 있다. 제목은 다소 감성적이지만 시의 내용은 현실 비판적인 인식이 들어 있다. 마지막 5연의 '어디를 가도 사람보다 일 잘하는 기계는 나날이 늘어나가고'라는 구절을 보면 오장환 시인의 예지를 엿볼 수 있다. 당시 룸펜이라고 하는 지식인 실업자 문제는 우리나라에만 한정된 경제적인 문제는 아니었다. 1930년대의 경제 공황과 산업화되는 과정으로 일자리가 줄어들었다. 더구나 시의 화자는 병든 몸이다. 병든 몸으로 일자리를 찾을 수 없는 자신의 신세를 '황혼'이라는 저물어 가는 이미지에 얹었다. 현실의 모습이 이러하니 기댈 곳이라고는 고향에서의 추억이다. 무능력한 사람에게 추억을 회상할 시간은 많다.

오장환

향수

어머니는 무슨 필요가 있기에 나를 맨든 것이냐! 나는 이항(異港)에 살고 어메는 고향에 있어 얕은 키를 더욱더 꼬부려가며 무수한 세월들을 흰머리칼처럼 날려보내며, 오 어메는 무슨, 죽을 때까지 윤락된 자식의 공명(功名)을 기두르는 것이냐. 충충한 세관의 창고를 기어달으며, 오늘도 나는 부두를 찾어나와 쑤왈쑤왈 지껄이는 이국 소년의 회화(會話)를 들으며, 한나절 나는 향수에 부다끼었다.

어메야! 온 세상 그 많은 물건 중에서 단지 하나밖에 없는 나의 어메! 지금의 내가 있는 곳은 광동인이 싣고 다니는 충충한 밀항선. 검고 비린 바다 우에 휘이한 각등(角燈)이 비치울 때면, 나는 함부로 술과 싸움과 도박을 하다가 어메가 그리워 어둑어둑한 부두로 나오기도 하였다. 어매여! 아는가 어두운 밤에 부두를 헤매이는 사람을, 암말도 않고 고향, 고향을 그리우는 사람들. 마음속에는 모다 깊은 상처를 숨겨가지고…… 띠엄, 띄엄이, 헤어져 있는 사람들.

암말도 않고 검은 그림자만 거니는 사람아! 서 있는 사람아! 늬가 예 땅을 그리워하는 것도, 내가 어메를 못 잊는 것도, 다 마찬가지 제 몸이 외로우니까 그런 것이 아니겠느냐.

어메야! 오륙년이 넘두락 일자소식이 없는 이 불효한 자식의 편지를, 너는 무슨 손꼽아 기두르는 것이냐. 나는 틈틈이 생각해본다. 너의 눈물을…… 오 어메는 무엇이었느냐! 너의 눈물은 몇 차례나 나의 불평과 결심을 죽여버렸고, 우는 듯, 웃는 듯, 나타나는 너의 환상에 나는 지금까지도 설운 마음을 끊이지는 못하여왔다. 편지라는 서로이 서러움을 하소하는 풍습이려니, 어메는 행방도 모르는 자식의 만재(安在)를 믿음이 좋다.

● ● 첫행에서부터 비관적인 시각을 드러내고 있다. '어머니 왜 나를 낳으셨나요' 하는 원망이 보인다. 앝은 키를 더욱더 꼬부려가며, 낯선 이국땅의 밀항선에서 향수에 부대끼면서 세월을 보내고 있다. 암말도 하지 않으면서 어두운 밤에 부두를 헤매는 사람들은 마음속에 모두 깊은 상처를 숨겨 가지고 있다. 그들은 향수에 부대끼고 상처와 외로움을 가지고 있다는 공통점이 있으면서도 웬일인지 띠엄 띠엄 떨어져 있다. 서로 아닌 척 숨기고 있는 상처와 외로움을 서로 못 본 척하고 있다. 제 몸이 너무 외로워서…… 시의 화자는 어머니를 향한 그리움이 너무 커서 원망하는 듯한 말투로 말하고 있다. 군데군데 사투리가 화자의 외로움을 더욱 절절하게 만들고 있다.

오장환 177

소야小夜의 노래

무거운 쇠사슬 끄으는 소리 내 맘의 뒤를 따르고
여기 쓸쓸한 자유(自由)는 곁에 있으나
풋풋이 흰눈은 흩날려 이정표(里程表) 썩은 막대
고이 묻히고
더러운 발자국 함부로 찍혀
오직 치미는 미움
낯선 집 울타리에 돌을 던지니 개가 짖는다.
어메야, 아직도 차디찬 묘(墓) 속에 살고 있느냐.

정월(正月) 기울어 낙엽송(落葉松)에 쌓인 눈 바람에 흐트러지고
산(山)짐승의 우는 소리 더욱 처량히
개울물도 파랗게 얼어
진눈깨비는 금시로 나려 비애(悲哀)를 적시울 듯
도형수(徒刑囚) 발은 무겁다.

● ● 형벌 중에 중노동의 벌을 받은 도형수 발목에 쇠사슬이 매어 있다. 그 소리가 맘을 떠나지 않는다. 쓸쓸한 자유는 곁에 있으나 풋풋한 흰눈 위에 더러운 발자국이 함부로 찍힌다. 치미는 미움을 풀지 못해 애먼 낯선 집 울타리에 돌이나 던진다. 쇠사슬 끄는 소리, 쓸쓸한 자유, 이정표 썩은 막대, 더러운 발자국, 치미는 미움, 파랗게 언 개울. 시의 화자 마음이 이토록 무겁고 어둡다. 좁게는 도형수의 분노와 어머니를 향한 그리움이요, 넓게는 일제 강점기의 억압된 현실에 대한 분노이다.

오장환

첫겨울

감나무 상가지
하나 남은 연시를
가마귀가
찍어 가더니
오늘은 된서리가 나렸네
후라딱딱 휘이
무서리가 나렸네

● ● ● 무서리가 되게 내린 늦가을, 즉 초겨울이다. 추위의 시작이다. 시련의 시작이다. 가마귀는 마지막 남은 연시 하나를 찍어 갔다. 그러니 이제부터는 새로운 먹을거리를 찾아야 한다. 단순하고 단정한 서경시이기도 하고, 삶의 시련이 닥쳐 올 것을 예지하는 시이기도 하다.

매음부

푸른 입술. 어리운 한숨. 음습한 방안엔 술잔만 환하였다. 질척한 풀섶과 같은 방안이다. 현화식물(顯花植物)과 같은 계집은 알 수 없는 웃음으로 제 마음도 속여온다. 항구, 항구, 들리며 술과 계집을 찾어다니는 시꺼믄 얼굴. 윤곽된 보헤미안의 절망적인 심화. ―퇴폐한 향연 속. 모두 다 오줌싸개 모양 비척어리며 얇게 떨었다. 괴로운 분노를 숨기어가며……젖가슴이 이미 싸늘한 젖가슴이 이미 싸늘한 매음녀는 파충류처럼 포복한다

● ● 매음부는 시, 소설, 회화 등 예술의 소재로 많이 등장한다. 매음은 개인적인 문제로보다는 사회적인 문제로 주로 다뤄진다. 절망이 깊어 시꺼먼 보헤미안의 얼굴과 함께 벌이는 향연은 퇴폐적이지만 밑바닥 삶을 살아가는 사람들 삶의 공존 방식이다.
음습하고 질척한 풀섶은 매음부 방의 모습이기도 하고 매음부 자신의 모습이기도 하다. 싸늘한 젖가슴으로 괴로운 분노를 숨기며 알 수 없는 웃음으로 제 마음도 속인다는 표현이 절묘하다.

오장환

나의 노래

나의 노래가 끝나는 날은
내 가슴에 아름다운 꽃이 피리라.

새로운 묘에는
예 흙이 향그러

단 한번
나는 울지도 않었다.

새야 새 중에도 종다리야
화살같이 날러가거라

나의 슬픔은
오직 님을 향하야

나의 과녁은
오직 님을 향하야

단 한번
기꺼운 적도 없었더란다.

슬피 바래는 마음만이
그를 좇아
내 노래는 벗과 함께 느끼었노라.

나의 노래가 끝나는 날은
내 무덤에 아름다운 꽃이 피리라.

● ● 시의 화자가 부르는 '노래'는 기다림의 노래이다. 기다림이 끝나는 날 가슴에 아름다운 꽃이 필 것이다. 기다림이 이루어지는 그날을 위해 울지도 않고 기꺼워한(마음속으로 은근히 기뻐한) 적도 없다. 바라고 기다리는 마음만을 부여잡고 노래를 부르고 있다.
봄에 공중으로 가장 높이 날아오르면서 우는 새가 종다리이다. 종다리가 높이 날아올라야 할 곳은 님을 향해 있는 과녁이다. 그곳에 닿아 님에게 노래를 부르는 이유를 알려야 한다.
간절한 기다림을 '나의 노래'로 은유하였고, 기다림을 님에게 알려주는 매개체로 종다리를 불러들였다. 그리고 기다림이 이루어지는 날을 '아름다운 꽃이 피는 것'으로 은유하였다. 원을 이루고자 하는 마음이 강하게 들어 있는 시이다.

오장환

무인도

나의 지대함은 운성(隕星)과 함께 타버리었다

아즉도 나의 목숨은 나의 곁을 떠나지 않고
언제인가 그 언제인가
허공을 스치는 별님과 같이
나의 영광은 사라졌노라

내 노래를 들으며 오지 않으랴느냐
독한 향취를 맡으러 오지 않으랴느냐
늬는 귀기울이려 아니하여도
딱다구리 썩은 고목을 쪼읏는 밤에
나는 한걸음 네 앞에 가마

표정없이 타오르는 인광이여!
발길에 채는 것은 무거운 묘비와 담담한 상심

천변 가차이 가마구떼는 왜 저리 우나
오늘밤 아 오늘밤에는 어디쯤 먼 곳에서
물에 뜬 송장이 떠나오려나

● ● 현실을 비관적으로 인식하고 있다. 나의 지대함은 유성(운성)과 함께 타버리고, 영광도 사라졌다. 노래도 있고 독한 향취도 있지만, 시의 화자 곁으로 아무도 오지 않는다. 그래서 무인도이다. 즉 시의 제목 무인도는 아무도 없는 섬이라기보다 고독한 처지의 자신을 상징하며 앞뒤 사방이 꽉 막힌 현실의 무인도를 말한다. 무인도엔 무거운 묘비와 담담한 상심이 있다. 가끔은 천변으로 송장이 떠내려오는가 보다. 무인도이다 보니 그것도 반가운 기색이다. 마지막 연에서는 냉소적인 기운이 돈다.

심동 深冬

눈 쌓인 수풀에
이상한 산새의
시체가 묻히고

유리창이 모다 깨어진
양관(洋館)에서는
샴페인을 터트리는 소리가 들려온다.

언덕 아래
저기 아 저기 눈 쌓인 시냇가에는
어린아이가 고기를 잡고

눈 우에 피인 숯불은
빨갛게
주검은 아, 주검은 아름다웁게 불타오른다.

● ● 한겨울의 풍경 네 개가 나란히 병치되어 있다. 1연의 이상한 산새의 시체가 묻힌 수풀의 풍경만 정적이고, 나머지 세 풍경은 모두 동적이다. 4연의 주검은 아이가 잡은 물고기로 생각된다. 물고기 쪽에서 보면 억울한 죽음이지만 아이 쪽에서 보면 맛있는 양식이다. 아이가 피웠을 숯불에서 빨갛게 타오르는 주검은 그래서 아름답다. 역설적이지만 서로 어우러지고 순환되는 자연의 모습을 그리고 있다.

어머니 서울에 오시다

어머니 서울에 오시다.
탕아 돌아가는 게
아니라
늙으신 어머니 병든 자식을 찾어오시다.

—아 네 병은 언제나 낫는 것이냐.
날마다 이처럼 쏘다니기만 하니……
어머니 눈에 눈물이 어릴 때
나는 거기서 헤어나지 못한다.

—내 붙이, 내가 위해 받드는 어른
내가 사랑하는 자식
한평생을 나는 이들이 죽어갈 때마다
옆에서 미음을 끓이고, 약을 달인 게 나의 일이었다.
자, 너마저 시중을 받어라.

오로지 이 아들 위하야
서울에 왔건만
메칠 만에 한번씩 상을 대하면
밥숟갈이 오르기 전에 눈물은 앞서 흐른다.
어머니여, 어머니시여! 이 어인 일인가요
뼈를 깎는 당신의 자애보다도
날마다 애타는 가슴을
바로 생각에 내닫지 못하야 부산히 서두르는 몸짓뿐.

– 이것아, 어서 돌아가자
병든 것은 너뿐이 아니다. 온 서울이 병이 들었다.
생각만 하여도 무섭지 않으냐
대궐 안의 윤비는 어디로 가시라고
글쎄 그게 가로채었다는구나.

시골에서 땅이나 파는 어머니
이제는 자식까지 의심스런 눈초리로 바라보신다.
아니올시다. 아니올시다.
나는 그런 사람과는 아무런 관계도 없읍니다.
내가 생각하는 것은
이 가슴에 넘치는 사랑이 이 가슴에서 저 가슴으로

오장환

이 가슴에 넘치는 바른 뜻이 이 가슴에서 저 가슴으로
모든 이의 가슴에 부을 길이 서툴러 사실은
그 때문에 병이 들었습니다.

어머니 서울에 오시다.
탕아 돌아가는 게
아니라
늙으신 어머니 병든 자식을 찾어오시다.

● ● 시의 화자는 탕아이다. 어머니라는 존재는 집을 나간 탕아를 기다리는 존재가 아니라 찾아가는 존재이다. 피붙이와 받드는 어른을 위해 살아가며 그들을 위해 탕약과 함께 마음을 달이는 게 일이다. 그래서 탕아는 감격하는 한편 슬프고 죄송하다. 2~5연까지 어머니와 시의 화자가 주고받는 대화를 들어보면 어머니는 아들의 병만을 걱정하고 있지 않다. 아들뿐 아니라 온 서울이 병이 든 것을 알고 걱정하고 있다. 대궐 안의 윤비의 자리를 가로챈 것을 두고 자식을 의심하고 있다. 자식은 자기와 상관없다고 변명한다. 자기는 오직 가슴에 넘치는 사랑이 이 가슴에서 저 가슴으로 전달되기만을 바라고 있는데, 그 방법이 서툴러 병이 났다고 토로한다. 그 어머니에 그 아들이다.

1946년 6월에 발표된 이 시에서 어머니와 아들은 시인과 시인의 어머니에 한정되지 않는다. 어머니의 마음을 나라의 미래를 걱정하는 마음(애국심)으로 확장시키고 있다. 병든 자식을 걱정하는 어머니의 마음에 빗대어 그 마음이 더욱 간절하게 표현되었다.

모촌 暮村

초라한 지붕 썩어 가는 추녀 위엔 박 한 통이 쇠었다.

밤 서리 차게 내려앉는 밤, 싱싱하던 넝쿨이 사그라
붙던 밤, 지붕 밑 양주(兩主)는 밤새워 싸웠다.

박이 딴딴히 굳고 나뭇잎새 우수수 떨어지던 날,
양주는 새 바가지 꾸어 들고 초라한 지붕,
썩어 가는 추녀가 덮인 움막을 작별하였다.

● ● 식민지 현실속에서 삶의 근원지를 잃고 떠돌 수 밖에 없는 1930년대 유랑 농민의 모습을 그린 시로 정경과 서사 줄거리가 객관적으로 묘사되어 있다. 이렇다 저렇다 설명이나 화자의 정서가 개입되지 않고 절제된 표현으로만 보여주고 있다. 궁핍한 삶을 살아가는 부부, 시대적으로는 일제강점기, 이 궁핍하고 척박한 삶이 두 부부만의 것이 아니기에 가슴을 더 아프게 후빈다. 싱싱하던 넝쿨이 사그라들 정도로 추운 움막 안에서 밤새워 싸운 부부, 척박한 환경에서 어렵게 박이 영글자 새 바가지 만들어 꿰차고 부부는 새로운 곳으로 길을 떠난다. '새로운 곳' 은 어떨지, 떠난 움막보다 더 나은 곳인지…… 누가 장담할 수 있겠는가.

오장환

목마와 숙녀

1판 1쇄 인쇄 | 2012년 1월 1일
1판 1쇄 발행 | 2012년 1월 5일

엮은이 | 편집부
펴낸이 | 윤다시
펴낸곳 | 도서출판 예가

주소 | 서울시 영등포구 당산동 1가 191-10
전화 | 02)2633-5462
팩스 | 02)2633-5463
E-mail | yegabook@hanmail.net
등록번호 | 제 8-216호

ISBN | 978-89-7567-549-2   13810

※ 잘못된 책은 바꿔드립니다.
※ 인지는 저자와의 합의하에 생략합니다.
※ 가격은 표지 뒷면에 있습니다.